DETECTION DES MENSONGES

vs

MENTALISME

Techniques pratiques pour détecter les mensonges et développer (encore plus) votre vigilance.

Philippe Kaizen

Je dédie ce livre à ma famille, mes amis, à Leila et à mon père Christian.

Mon blog de la détection des mensonges :
www.detecter-les-mensonges.fr

Mon livre précédent :
Petit livre de la détection des mensonges

©**2011 Philippe Kaizen**
Edition: Books on demand GmbH, 12/14 rond-point des champs Elysées – 75008 Paris, France.
Imprimé par : Books on Demand GmbH, Norderstedt – Allemagne.
Dépôt légal : août 2011
ISBN : 978-2-8106-2221-4

SOMMAIRE

Chapitre 1   Introduction.

Chapitre 2   Rappels des bases de la détection des mensonges.

Chapitre 3   La lecture à froid.

Chapitre 4   COLD et CONSTANT READING.

Chapitre 5   Manipulations mentales.

Conclusion.

Ce que ce livre va vous apporter.

Détecter les mensonges... Si vous avez lu mon premier livre alors vous êtes déjà bien armé pour les déceler. Mais dans celui-ci vous allez pénétrer dans un domaine **très** sophistiqué fait de manipulation en tous genres. Celui du mentalisme. Vous allez donc approcher des techniques très efficaces mais aussi dangereuses pour les personnes qui en font les frais. En les étudiant avec attention vous allez naturellement les détecter si elles sont exercées contre vous.

Mais plus encore vous allez développer votre faculté de lire l'autre afin de le cerner plus rapidement.

Bref, tel le thème de mon blog, vous allez monter d'un cran votre niveau de vigilance contre les mensonges, les menteurs et escrocs de tous genres.

Je vous souhaite une bonne lecture.

Philippe Kaizen.

Chapitre 1

INTRODUCTION

Mais que vient faire le mentalisme dans un livre sur la détection des mensonges ? Pourquoi le mentalisme ?
Qu'est-ce que le mentalisme ? Vous vous posez certainement l'une de ces questions. Si vous cherchez sur internet sa définition vous allez avoir du mal à vous en faire une idée correcte.
Bien souvent, que cela provienne des lecteurs de mon blog ou lors de discussions avec des amis, les mêmes questions finissent toujours par se présenter : « mais tu connais le mentalisme ? Tu fais aussi comme Patrick Jane (de la série du mentaliste) quand il détecte les mensonges ? » Et j'en passe. Je ne connaissais pas à l'époque cette série et n'étais pas très intéressé de la regarder. Mais au bout de la cinquantième, non pas la cinquantième diffusion d'un épisode mais bien du nombre de fois que me fut posée la question je décidais donc une bonne fois pour toute de m'attaquer à ce mentalisme.
Après plusieurs mois de recherches et de travaux sur la question voici ma définition :
Le mentalisme est l'art de manipuler les gens. Manipuler les autres en utilisant quelques astuces psychologiques comme la suggestion, le détournement d'attention mais c'est aussi et surtout l'art de simuler des pouvoirs psychiques. Quels pouvoirs ? Des pouvoirs tels que le « mind reading » ou lire les pensées des autres par exemple, mais aussi la clairvoyance ou l'art de prédire l'avenir.
Il est parfois fort impressionnant de voir d'une part, à quel point le hasard fait bien les choses, et d'autre part à quel point certains domaines peuvent être liés les uns aux autres. Deux semaines après avoir rédigé l'article « anticiper les réactions par la détection des

mensonges » sur mon blog au mois d'octobre 2010 je fut contacté par un ami que je n'avais pas vu depuis bien longtemps. Cet homme, Pierre, est voyant. Ce n'est pas son métier mais donne quelques « consultations » uniquement pour ses proches. On ne peut le consulter que sur recommandation de l'un(e) de ses ami(e)s et il est réputé être vraiment très bon.

Il me contacte alors et me dit : « *Philippe, je viens de lire ton article et j'ai été attiré par une chose dont tu parles en particulier, celle liée à la lecture à froid d'une situation. Tu fais une sorte d'instantané des personnes dans ton article. Même si ce dont tu parles est lié uniquement à la gestuelle de l'autre, tu sais qu'il existe ce que l'on appelle le cold reading ? C'est un outil employé par beaucoup de voyants . Il faudrait que l'on en parle*».

Après plusieurs semaines d'échanges de mails et de recherches de mon coté, Pierre a décidé de me montrer en temps réel et en pratique ces techniques de manipulations liées au cold reading. Il me fit ensuite rencontrer une amie à lui, (sans lui parler de l'objet de notre expérience) voyante également, et qui avait la capacité d'avoir des flashs d'événements présents ou futurs. Il me lança le défi de déceler si cela était vrai ou non en me planifiant une séance avec elle. Les résultats sont un peu plus loin dans ce livre...

Si je vous dis qu'après avoir lu mon livre vous serez capable de prendre un jeu de carte, le tarot par exemple, et de prédire l'avenir à une personne avec une grande part de succès vous ne me croiriez probablement pas. Et pourtant si.

Je ne vais pas vous apprendre la lecture de l'avenir par les tarots, loin de moi cette idée. Mais quand vous aurez

étudié toutes les techniques de manipulation que nous allons voir ensemble dans ce livre vous verrez qu'il est tout à fait possible de le faire. Ces techniques peuvent s'appliquer à beaucoup de situations dans la vie. Elles pourront vous permettre d'anticiper certains événements et de prendre les (bonnes) décisions. Elles vous donneront envie d'étudier des sujets très intéressants comme les relations humaines, la communication mais surtout la connaissance de l'autre (et de soi-même bien sur). Elles seront un terrain d'entraînement très efficace dans la lecture de l'autre et vous permettront ainsi d'améliorer vos compétences en détection des mensonges, ce qui est bien sur le but ultime de ce livre. Bien entendu, vous allez aussi apprendre à détecter ces manipulations afin qu'elles n'aient aucun effet sur vous.
Ce sont les raisons pour lesquelles j'ai titré ce livre : « *détection des mensonges versus mentalisme*».
Que les choses soient claires, je ne prétends pas que la voyance ou les pouvoirs psychiques n'existent pas. Pour vous donner mon avis sur la question je pense que cela existe et que des personnes sont capables de « lire » dans ce « quelque chose » dans lequel nous semblons tous connectés... Qui n'a pas eu d'intuitions, de pressentiments à propos de quelque chose, qui n'a pas déjà pensé exactement la même chose qu'une autre personne au même moment puis éclaté de rire lorsque vous vous en êtes aperçus ? Pourquoi avez-vous décidé de vous en tenir à une chose bien précise alors que toutes les apparences vous disaient de faire le contraire ? Pourquoi avez-vous fait ce que vous dictaient les apparences alors que vous auriez mieux fait de suivre votre intuition ? Lorsque vous étiez déterminé à atteindre un but, lorsque vous vouliez

fortement quelque chose n'avez-vous jamais remarqué que les événements prenaient une tournure telle que vous sembliez avoir beaucoup de chance ? Par exemple, une rencontre tout à fait inattendue, une fantastique idée qui surgit tout à coup qui fait que vous trouvez la solution à un problème. Votre intuition vous a permis d'atteindre le dernier objectif que vous vous étiez fixé et vous avez réussi au lieu d'échouer. Mais pourquoi ? Auriez-vous, cher lecteur, chère lectrice une capacité psychique latente qui vous permet de « sentir» les choses ?
Ou est-ce que je commence à vous manipuler ?

Comme je le disais, je ne prétends pas que les pouvoirs psychiques n'existent pas, je pense qu'ils existent bien mais ce que je peux vous dire c'est que 95% des personnes se présentant comme voyants, médiums, etc, sont des charlatans. Et nous allons voir comment.
Je le répète, ce livre ne traite pas uniquement de ce sujet je vous rassure. Comme je le disais un peu plus haut la compréhension de ces techniques vont développer chez vous une meilleure capacité de lecture de l'autre et donc de mieux déceler les mensonges. Ces techniques sont également utilisées par des escrocs, des commerciaux, vendeurs en tous genre qui chercheront à vous vendre quelque chose au prix le plus fort.
Voici le descriptif des différents chapitres que nous allons aborder ensemble .
Le chapitre deux, rappels de base, vous administrera une petite piqûre de rappel des techniques de détection des mensonges. Pour bien comprendre les techniques dans les détails je vous conseillerai cependant , si vous

ne l'avez pas déjà fait, de lire mon premier livre ou bien mon blog.

Sinon, vous pouvez tout de même le lire ce chapitre, il est toujours utile d'en remettre une couche.

Le chapitre trois, vous embarquera dans les profondeurs de l'article que j'ai écrit au mois d'octobre 2010 sur mon blog. Il aura pour thème les derniers développements d'une technique radicale de lecture de l'autre.

Très efficace, j'utilise cette technique depuis longtemps pour éviter de me faire surprendre, mais en plus, elle me permet d'anticiper certains événements. Cette lecture à froid sera une sorte d'introduction, de transition vers le monde fascinant du cold reading du chapitre suivant.

Le chapitre quatre donc vous initiera au terrifiant monde du cold reading (qui se traduit bien par lecture à froid). Si vous désirez devenir voyant(e) c'est ce chapitre qu'il vous faut... Plus sérieusement, si la technique de lecture à froid du chapitre précédent est un peu liée à ce domaine, vous entrerez ici dans un art à part entière dont il existe en fait très peu de source de documentation. La principale dérivation de cet art est le monde de la voyance. Je vais donc vous transmettre le maximum de mon expérience sur ce sujet au travers des travaux que j'ai effectués avec mon ami Pierre. Du sport en perspective...

Après la lecture de ce chapitre vous serez naturellement conscient des tentatives de manipulations de ce genre qui seront dirigées à votre égard.

Je vous proposerai à la fin du livre différentes sources d'excellentes qualités si vous voulez approfondir le sujet.

Dans le chapitre cinq nous allons aborder plusieurs notions de manipulation mentales.
Tout d'abord la notion « d'influence des apparences » à laquelle se trouvera souvent confrontée la détection que vous aurez faite. Apparences bien souvent fabriquées.
Nous étudierons ensuite des notions de manipulation de la pensée et de manipulation de l'attention.
Connaissez-vous la technique dite de la planification ?
Et celle qui consiste à faire oublier, à la personne qui vous parle, ses propres paroles ?
Rendez-vous au chapitre cinq...

J'espère que ce sommaire vous plaît et je vous invite sans plus attendre à aborder le...

Chapitre 2

RAPPEL DES BASES DE LA DETECTION DES MENSONGES

Si je devais simplifier mon système de détection des mensonges je dirais qu'il s'articule autour des trois points suivants :

1) Les réactions limbiques et les émotions.
2) Une gestuelle et des réactions liées au point 1.
3) Des réactions liées à la logique et le bon sens.

Si vous avez lu mon blog ou mon petit livre de la détection des mensonges vous pouvez passer au chapitre suivant, sinon n'hésitez pas à enfoncer plus encore le clou avec ce chapitre synthèse. Cependant j'aborderai un petit peu quelques techniques qui peuvent être employées dans les processus de recrutement si vous voulez prendre le temps de le lire quand même.

Toutes les techniques ne figurent pas dans ce livre, seules celles ayant un rapport avec les techniques de manipulation que nous allons aborder seront décrites.

Les réactions limbiques proviennent de votre cerveau du même nom. Il s'agit d'une partie du cerveau qui gère les émotions et la mémoire. C'est cette partie qui possède une sorte de système de survie et qui nous fait réagir lorsqu'un événement nous surprend.
Par exemple, si une voiture vous fonce dessus lorsque vous traversez la rue vous allez avoir ce que l'on nomme « le réflexe » de plonger ou d'esquiver comme vous le pouvez ce véhicule. Si vous mettez votre main sur la plaque chauffante que vous avez oublié d'arrêter après avoir cuit cette délicieuse côte de bœuf, vous n'allez pas la laisser traîner une fraction de seconde de

plus. Autre exemple, imaginez que vous montiez sur le toit d'un immeuble de cinquante étages, et que vous montiez ensuite sur le rebord face au vide. Une personne à coté de vous, vous pousse très légèrement mais sans que cela vous fasse tomber. Pensez-vous que vous n'allez pas réagir ? En fait, ce n'est donc pas votre corps qui réagit mais votre cerveau limbique qui transmet aussitôt des informations ou des ordres à votre corps pour le faire réagir. Le cerveau limbique est le siège des émotions. Lorsque vous éprouvez une forte émotion cette partie du cerveau va vous faire réagir tel un réflexe. Il est presque impossible de le contrôler. C'est ce qui fait que dans le domaine de la détection des mensonges les gestes trahissent les pensées. Pensées qui sont donc très liées aux émotions ressenties à un moment précis. Si vous posez une question directe à votre interlocuteur à propos d'un sujet qui le dérange, vous allez le surprendre. Qui dit surprise dit émotion. Et qui dit émotion dit réaction limbique et donc réaction du corps. Si cette réaction du corps, de la part de votre interlocuteur, est instantanée, comme un réflexe dû à une surprise alors vous pouvez en déduire que c'est son cerveau limbique qui a réagi. Donc, vous êtes en présence d'une véritable réaction et non d'une simulation d'une réaction.

Vous pouvez faire la différence aisément entre les deux par exemple, lorsque vous offrez un cadeau à une personne. Si cette personne sourit ou saute de joie quasi simultanément vous pouvez en déduire qu'il s'agit d'une réaction sincère. Si par contre cette même personne met plus d'une seconde pour sauter de joie vous pourrez facilement en déduire une simulation. Toute la technique se trouve dans les émotions. La personne qui saute de joie après avoir découvert votre cadeau a ressenti une vive émotion que son cerveau limbique a transformé en une réaction physique. Si la personne n'apprécie pas du tout votre cadeau, que se passera t-il à votre avis ? Oui, après avoir « encaissé » le choc elle essaiera de vous faire croire que le cadeau lui plaît en feignant un sentiment de joie. C'est le décalage entre la réaction limbique sincère et la réaction simulée. Mais, il se passera quand même quelque chose avant cette fausse réaction. Pour cela reprenons le mécanisme des émotions. **Qui dit émotion, dit réaction du cerveau limbique et donc réaction du corps**. Par réaction du corps j'entends également le visage, pas seulement les bras, les jambes ou une autre partie du corps. Nous verrons cela un peu plus loin.

La personne qui n'aime pas votre cadeau va (puisqu'elle ne l'aime pas justement) éprouver une émotion liée à ce mécontentement. En effet, imaginez que vous avez décidé d'offrir à votre petite amie une montre parce qu'elle n'est jamais à l'heure (votre petite amie, pas la montre). Vous lui avez déjà fait la remarque plus d'une fois. De bon matin vous lui offrez la montre qui est dans une petite boite carrée (qui ressemble étrangement aux petites boites dans lesquelles il s'y trouve généralement une bague). Son visage va s'illuminer car cela fait un bon bout de temps qu'elle espère que vous lui ferez votre déclaration. Mais une fois la boite ouverte, grande est la déception. Et grande est l'émotion. Qui dit émotion dit... vous connaissez la suite. Si votre conjointe, en essayant de contenir sa déception, tente de feindre la joie d'avoir reçu un cadeau, il y aura bien une réaction limbique qui se traduira par une expression du visage, un mouvement

spatial de son corps ou une expression de fermeture.
Je plaisante bien sur au sujet des petites amies toujours en retard. Ce que je veux décrire dans cet exemple c'est que quelle que soit l'émotion, qu'elle soit positive ou négative, elle générera une réaction au niveau du corps. Et, **si cette réaction est immédiate, instantanée, alors vous pouvez à présent en déduire qu'elle est sincère.**

Parlons maintenant de ces fameuses réactions corporelles. Elles se divisent en trois parties :

1) Les réactions de type spatiales.
2) Les notions d'ouverture et de fermeture.
3) La notion d'auto-massage.

Les réactions spatiales.
Ces réactions peuvent être séparées en deux ensembles distincts. Le premier ensemble regroupe les déplacements dans l'espace suite à un événement générant une réaction. Le second groupe comprend les postures que nous adoptons suite à une surprise. Ces postures peuvent être présentes avant un événement, évoluer pendant, et se modifier à nouveau après. Par exemple lorsque vous avez rendez-vous pour un entretien d'embauche. Vous pouvez être dans une certaine posture avant de rencontrer le ou la DRH en fonction de l'état de stress dans lequel vous êtes. Votre posture peut ensuite évoluer pendant l'entretien en fonction des questions qui vous sont posées et si vous êtes à ce moment là à l'aise ou non pour y répondre. Vous adopterez ensuite une certaine posture lorsque l'entretien sera terminé.

Nous parlerons du stress lorsque nous traiterons des réactions (physiques ou orales) post-limbique.

Vous allez voir qu'il n'est pas obligatoirement nécessaire d'assimiler des dizaines voir des centaines de positions ou de postures pour détecter les mensonges.

Mais pourquoi le terme spatial ?

 Parce que les réactions sont directement liées à l'espace que vous occupez dans une situation donnée. Prenons deux exemples.

Vous êtes au restaurant, assis, et de plus en charmante compagnie. Ou debout accoudé au comptoir d'un pub, peu importe en fait. Vous vous sentez bien en la présence de cette personne. Vous éprouvez une émotion liée à cet état de joie. D'un point de vue de l'occupation de l'espace vous allez avoir tendance à vous rapprocher de cette personne. Vous allez rapprocher votre chaise, vous allez vous pencher en avant, bref vous allez occuper plus d'espace en direction de cette personne. Allez-vous adopter la même position spatiale si la personne qui est en face de vous est votre patron ? Et si cette personne vous annonçait une mauvaise nouvelle ? Alors que vous vous y attendez le moins la personne assise en face ou à coté de vous vous dit : « je sais que tu m'as menti l'autre jour ». Si vous avez menti à cette personne et que la question qu'elle vous pose vous surprend, l'émotion ressentie à ce moment précis va faire bouger votre corps, vous allez vouloir vous éloigner de ce danger potentiel. Vous allez donc avoir un geste de recul. Si vous étiez penché vers cette personne vous allez vous redresser. Vous allez certainement dire quelque chose comme « Quoi ?? » le temps d'encaisser la surprise. Puis un état de stress va s'installer dans votre tête et, comme pour rester éloigné

de cette menace, vous allez vous asseoir au fin fond de votre chaise. Vous allez également émettre d'autres signaux avec votre visage, vos bras ou vos jambes, nous verrons cela un peu plus loin.
Voilà un exemple parfait de l'évolution dans le temps d'une posture. Pour commencer vous ressentez une impression de bien être, vous êtes penché en direction de la personne. Ensuite, surprise ! Une question qui fâche, une réaction de recul se produit. Et trois, vous êtes stressé car il va falloir que vous gériez ce problème. Donc état de stress, position spatiale reculée pour inconsciemment vous tenir éloigné de cette menace.
Ces trois positions dans l'espace peuvent être représentées de la manière suivante : la fuite, le fait de se figer et l'agression.
Dans le cas du restaurant et de votre charmante compagnie, vous aurez compris que le fait d'être penché en avant ne correspond pas à une agression. Une petite mise au point s'impose donc car c'est une réaction qui arrive malheureusement trop souvent dans une histoire de couple. Par exemple le conjoint oralement violent et agressif. Ce type de personne ne va pas forcément reculer pour s'éloigner du danger mais plutôt essayer de renverser la vapeur en se comportant de manière agressive. Exemple : « comment !? Qu'est-ce que tu as osé dire ? Que je t'ai menti ?! Comment oses-tu me traiter de menteur ?! ». C'est une sorte de détournement du sujet, l'agresseur va tenter de culpabiliser l'autre. Et je ne parle pas de la charge émotionnelle qui règne dans ce genre de comportement qui généralement fige l'autre personne ayant osé défier cette (pseudo) autorité.

Les notions d'ouverture et de fermeture.

Pour essayer de décrire le mieux possible cette notion d'ouverture et de fermeture je vais prendre un exemple que vous avez sans doute déjà expérimenté, les transports en commun.
C'est l'heure de pointe, il y a donc beaucoup de monde. Je sais que c'est de la science fiction mais imaginons que vous trouviez une place assise. Des personnes sont assises en face de vous, à coté et quelques personnes sont debout dans l'allée centrale. Comment allez-vous vous asseoir ? Comment sont assises les autres personnes ? Allez-vous faire la croix ? C'est à dire les bras bien écartés de chaque cotés sur la banquette, les jambes tendues vers l'avant et écartées ? Ceci est une **position (complètement) ouverte**. Vous vous exposez aux autres personnes. En fait c'est comme si vous donniez mentalement accès aux parties sensibles de votre corps aux autres personnes présentes. Le faites-vous réellement dans les transports en commun ? Non, je ne pense pas, je ne le fais pas moi-même. Quelque chose nous pousse à nous protéger, à protéger en quelque sorte les parties sensibles de notre corps. Nous ne voulons pas nous mettre en danger. C'est pour cela que pratiquement tous les gens dans les transports en commun ont par exemple, les jambes et/ou les bras croisés. Mais cela peut être également une légère orientation du corps sur le coté, comme pour ne pas faire directement face aux autres personnes. Cela peut être aussi un sac à main, un livre ou tout autre objet judicieusement placé sur vos genoux si vous êtes assis. Le livre peut être entre vos bras croisés et vous-même comme si vous le serriez dans vos bras. Vous pouvez être debout, adossé à une des portes du train et avoir les

mains jointes, bras tombés en avant comme pour protéger vos parties génitales.

Ces exemples représentent parfaitement la notion de **position fermée.**

Je voudrai attirer votre attention sur une position très intéressante car je l'ai longtemps associé à une position fermée. Imaginez toujours la situation des transports en commun, une personne est adossée contre la porte, main dans les poches et une jambe qui croise l'autre. Est-ce une position fermée ? Eh bien pas forcément. D'après Joe Navarro et en particulier dans son livre « ces gestes qui parlent à votre place » ce serait plutôt le contraire. En effet le fait de croiser une jambe en étant debout fait que votre équilibre ne tient quasiment que sur l'autre jambe. Dans les transports en commun les wagons ont toujours tendance à tanguer dans tous les sens, il n'est donc pas rare de perdre son équilibre. Si une personne se tient ainsi en équilibre sur une seule jambe, elle n'a donc pas peur de tomber et cette position exprimerait donc plus une notion d'assurance plutôt que la volonté de se fermer. Je suis plutôt d'accord. La même position, mais qui cette fois représente une fermeture, serait que cette personne soit adossée contre la porte, mais de coté (elle s'appuierait contre son épaule) et se tiendrait à quelque chose pour ne pas perdre l'équilibre. Ce qui enlève cette notion de mise en danger puisqu'elle n'a plus peur de perdre l'équilibre. La jambe croisée indique donc une position de fermeture dans ce cas précis.

Lorsque nous sommes dans une pièce, et que nous n'avons pas du tout envie d'y être, que nous n'avons qu'une envie : partir vite fait de cette pièce, nous adoptons parfois une certaine posture. C'est une

situation qui a du vous arriver plus d'une fois lors des ennuyeuses réunions de travail. Nous orientons notre corps vers la porte de sortie. Tout simplement.
Ce qui conclue cette notion d'ouverture et fermeture de notre corps. Nous allons à présent combiner tout cela avec la troisième notion :

La notion d'auto-massage.
Cet acte d'auto-massage est l'opération qui consiste à se masser lorsque nous sommes stressés. C'est une réaction que je qualifie de post ou pré limbique. C'est à dire qu'elle a lieu avant ou après la première réaction réflexe que nous exprimons lorsque nous sommes surpris. Mais, la cause reste la même, **les émotions.**
Nous l'avons tous fait, sans doute sans nous en rendre compte. Lorsque par exemple vous vous rendez à un entretien d'embauche. Assis à la terrasse d'un café quelques minutes avant de franchir le seuil de la porte. Cela peut être également pendant l'entretien, après une question difficile, vous êtes dans un certain état de stress. Vous êtes stressé, anxieux, inquiet à propos de quelque chose en particulier, vous tournez en rond, vous attendez le moment fatidique où vous allez faire face à cette situation. Les émotions ressenties à ce moment vont vous faire réagir. Outre les postures d'ouverture et de fermeture dont nous avons parlé vous allez ressentir fortement l'envie de détendre cette tension, d'essayer de la calmer un peu. Et que faisons-nous lorsque nous voulons détendre quelque chose de tendu ? Nous le massons. Ne vous êtes-vous jamais surpris en train de vous frotter les cuisses lorsque vous êtes assis ? Comme si vous exerciez une sorte de massage pour vous détendre ? Ne vous êtes-vous jamais

pris l'avant-bras tout en effectuant avec le pouce une sorte de va-et-vient comme pour vous détendre ? Ceci est une réaction d'auto-massage.

Nous avons donc fait le tour des trois principaux points des réactions de notre corps : les mouvements d'ordres spatiaux, la notions d'ouverture / fermeture et la notion d'auto-massage. Ces trois caractéristiques peuvent tout à fait se combiner.
Prenons à nouveau l'exemple de l'entretien d'embauche et profitons-en pour étudier quelques techniques utilisées dans les procédures de recrutement.
La secrétaire de la société vous accueille et vous amène dans une pièce dans laquelle va se dérouler votre entretien. Vous vous asseyez et attendez la ou les personnes qui vont vous faire passer cet entretien.
C'est un poste très important pour vous et vous voulez vraiment l'obtenir. La partie n'est pas gagnée d'avance car d'autres candidats seront également reçus pour ce premier entretien. Même si vous avez confiance en vous, à moins d'être complètement insensible à la pression, vous allez ressentir tout de même un petit stress, une petite pression. Celle-ci va donc faire réagir votre corps. Vous allez peut-être vous asseoir en croisant les jambes ou les bras. Vous allez donner une petite impression de fermeture au recruteur qui va entrer soudainement dans la pièce et vous voir assis de cette manière. Certains recruteurs, surtout dans les entreprises sensibles, sont initiés aux postures du corps et vont vous observer pendant tout l'entretien. On parle souvent de première impression, donc si vous renvoyez une image d'une personne très fermée, cette impression

peut traîner tout le long de l'entretien. Petite astuce en passant (que j'ai utilisée en fait lorsque je faisais passer des entretiens) la secrétaire qui vous accueille peut vous faire patienter dans une pièce où les murs sont en verre (transparents en fait). Le recruteur peut alors passer plusieurs fois devant la pièce où vous êtes et observer votre posture. Vous ne l'avez jamais vu, donc vous ne savez pas que c'est lui qui passe à plusieurs reprises et qui jette un œil discrètement dans la pièce où vous vous trouvez.

Une autre technique de recrutement est toujours de vous faire attendre. Pas une fois, je n'ai vu le DRH, le chef de projet, le psychologue arriver à l'heure. Toujours entre vingt et trente minutes de retard. C'est très souvent fait exprès pour faire monter la pression, voire même d'essayer de vous faire perdre patience. Et si vous en avez eu marre d'attendre, je peux vous certifier que cela se voit tout de suite dans l'expression de votre visage et votre comportement général. Pas très bon pour un poste qui suggère une bonne résistance au stress.

Que voulez-vous faire alors ? Essayer de contrôler vos réactions ? C'est peut-être ce dont vous avez entendu parler de-ci de-là mais en fait cela ne sert pas à grand chose. En effet, continuons cet entretien.

Le recruteur est arrivé, vous êtes assis en face de lui, il est en train de lire votre curriculum vitae. Vous vous souvenez à ce moment-là des conseils que vous avez trouvé sur internet vous disant d'essayer de vous contrôler en vous forçant à adopter une posture ouverte, de ne pas croiser les bras ou les jambes, se tenir droit etc. Certes. Deux choses, la première c'est que vous allez tellement vous concentrer pour rester dans cette position, qui n'est pas celle dont vous ressentez les émotions, que vous allez donner au recruteur l'impression que vous êtes figé ou coincé. Voire même que vous essayez de vous contrôler et donc que vous n'êtes pas vous-même. La deuxième, c'est que lorsque le recruteur commencera à vous questionner vous allez vous concentrer sur ses questions et oublier complètement votre posture. Pour probablement passer immédiatement à une posture qui va se fermer, ce qui passera encore moins inaperçu. Mettre un candidat dans une pièce peut avoir l'effet supplémentaire suivant. Vous pouvez très bien faire patienter le candidat dans l'entrée principale à la vue de tous mais c'est à ce moment en fait que le candidat risque d'essayer de se contrôler. Le fait d'être dans une pièce peut donner l'impression que personne ne nous regarde et donc nous n'avons plus besoin d'essayer de forcer une image. Nous revenons à notre stress normal et adoptons une posture plus ou moins fermée. C'est donc à ce moment là que j'entre... Je peux ainsi avoir un instantané de l'état d'esprit d'une personne avant que ne commence l'entretien. Nous verrons cela ensemble plus en détails dans le chapitre suivant avec ma technique de lecture à froid.

L'entretien se déroule, puis le recruteur décide de vous bousculer un peu par des questions du style : « Que pensez-vous pouvoir nous apporter de plus que les candidats que nous avons déjà reçus ? » ou bien « pourquoi avez-vous quitté votre ancien emploi ? Vous ne vous y plaisiez plus ? Avez-vous eu des soucis avec votre hiérarchie ? ». Autant de questions (et encore elles ne sont pas vraiment méchantes) qui vont susciter chez vous des réactions. Votre cerveau limbique va entrer en action et c'est à ce moment là que vous allez modifier l'espace entre vous et le recruteur (réactions spatiales). De la position avancée vous allez vous réfugier au fond de votre chaise. Vous allez peut-être prendre votre stylo à deux mains comme pour faire un barrage entre lui et vous pour vous protéger de ses questions. Vous pouvez rapprocher vos bras (alors qu'avant ils étaient clairement bien installés de part et d'autre de la table). Vous pouvez les croiser également, bref, vous vous fermez.

Pendant que vous réfléchissez à la réponse que vous allez donner à cette question stressante vous allez par exemple serrer votre stylo dans votre main, le faire rouler entre votre pouce et l'index (ce qui équivaut à se masser les doigts pour essayer de vous détendre). Vous allez poser une main sur votre avant-bras et vous masser un peu avec votre pouce. Bref vous risquez fortement d'effectuer un auto-massage.

Voilà donc un exemple des trois types de réactions en un seul entretien.

D'un point de vue du recruteur ou de la femme qui vient de dire à son mari « je sais que tu me trompes » ces réactions physiques auront une signification : Vous avez un lien très fort avec la question qui vient d'être posée, peut-être même avez-vous quelque chose à vous reprocher, vous sentiriez-vous en danger par hasard ? Cacheriez-vous quelque chose ? N'y a t-il pas quelque chose dont vous auriez oublié de me parler ?

Nous allons à présent survoler le troisième type de réaction. Ces réactions ne sont plus de l'ordre de ce que l'on appelle le non-verbal mais plutôt justement du verbal. Ces signaux sont abordés en détails sur mon blog ou plus encore dans mon livre précédent aussi nous n'allons pas trop nous y attarder. Si je devais simplifier ces signaux je dirais qu'ils sont tous à classer dans la catégorie du bon sens et de la logique.

Les techniques les plus utilisées dans le mensonge et surtout celles qui nous concernent ici sont **le changement de sujet, les réponses à différents niveaux, la généralisation** et **le gain de temps**.

La technique utilisée le plus par les menteurs est le changement de sujet. Une personne qui ment, si elle se trouve surprise par une question pouvant la trahir, va se retrouver sous pression. Elle va alors tout faire pour se sortir de cette pression et le meilleur moyen oral d'y parvenir est... de changer de sujet. Il existe plusieurs manières de changer de sujet de la plus directe à la plus subtile. Vous l'avez sans doute déjà remarqué, lors de vos conversations, des changements de sujets soudains, généralement suite à une question gênante ou déplacée. Deux manières beaucoup plus subtiles consistent à : soit utiliser un événement imprévu qui n'a aucun rapport avec votre conversation et de bifurquer dessus (oh, je viens de voir passer un porte-avions dans la rue voisine). Soit reprendre un élément qui figurait dans la question gênante et concentrer le fil de la discussion dessus. Pour bien comprendre cette idée de changement de sujet, mettez-vous simplement à la place d'une personne qui ment. Vous venez de dire un gros mensonge à une personne de votre entourage. Tout d'un coup, alors que vous ne vous y attendiez pas, cette personne revient vers vous en engageant à nouveau la conversation sur le sujet qui fâche. Vous êtes de nouveau sous pression. Comment allez-vous faire pour vous en sortir ? Comment allez-vous empêcher la personne de découvrir la vérité ? Vous allez tout tenter pour pouvoir esquiver ce danger, vous allez essayer de changer de sujet et si possible le plus discrètement possible.

La technique des réponses à différents niveaux n'est pas à proprement parler une technique mais plutôt un mécanisme logique. Le cœur du mécanisme de ces réponses, que peut vous renvoyer une personne qui ment, se situe au niveau des détails.

Bien entendu, dans la vie de tous les jours il convient de prendre en compte la personnalité de votre interlocuteur. Si c'est une personne plutôt laconique dans ses propos, il n'y aura pas beaucoup plus de détails dans ses réponses. Il faudra prendre cette personne entre quatre yeux et lui demander des explications sur le sujet qui fâche. Laconique ou pas, la personne devra s'expliquer pour défendre sa version des faits. Si par contre votre interlocuteur est de nature excentrique, qu'il a l'habitude de parler pendant des heures de ce qu'il fait en soirée, mais que cette fois il ne donne que très peu de détails, cela doit attirer votre attention. L'inverse peut être aussi vrai. La vie est faite d'habitudes, de routine et tout changement brusque dans cette routine doit attirer l'attention. Pas forcément les soupçons bien sur mais au moins l'attention. Une fois ces paramètres en main vous allez pouvoir analyser le niveau de détails des réponses de votre interlocuteur.

Vous pouvez penser que plus les réponses sont détaillées plus elles sont vraies. A cette pensée j'opposerai la réponse suivante : oui et non.

Prenons l'exemple de la soirée passée par votre interlocuteur, avec ses ami(e)s. Si cette soirée a réellement été vécue alors il y aura naturellement des détails. En effet, vous avez vécu quelque chose donc, vous êtes capable d'en parler. Logique. Et donc a contrario si vous n'avez pas passé la soirée avec vos amis vous ne pourrez pas donner des détails. **Surtout,** si vous êtes surpris par la question. C'est tout l'objet de ma méthode de détection des mensonges, surprendre l'autre pour le faire réagir. En effet, si vous surprenez votre interlocuteur vous allez générer chez lui une sorte de stress car il va devoir inventer sur le champ une réponse à votre question gênante. Et que fait-on généralement ? On répond par des phrases courtes, on reprend même les mots qui figuraient dans la question. Soit pour gagner du temps, soit pour donner plus de consistance à la réponse. Mais surtout ne pas rentrer dans les détails car on pourrait se tromper soit en étant incohérent , soit en ne se rappelant plus ce dont on a parlé.

Que faire alors lorsque votre interlocuteur, sachant qu'il allait avoir droit à un interrogatoire en rentrant, a préparé sa réponse ?

C'est sur vous allez avoir une version détaillée des faits. Nous n'allons pas aborder ici les techniques pour mettre en difficulté des réponses préparées. C'est une phase offensive qui n'est pas l'objet de ce livre et qui est plus destinée à faire avouer votre interlocuteur. Par contre notre but sera de détecter un éventuel mensonge de manière discrète, furtive, sans que votre interlocuteur ne s'en rende compte.

Pour effectuer cela vous allez rechercher dans cette réponse détaillée des émotions, des sentiments ressentis par votre interlocuteur au cours de cette soirée. Peut-être avez-vous déjà eu l'impression d'entendre un discours creux, comme robotisé. Comme appris par

cœur en fait. C'est précisément ce manque d'émotion dans ce discours qui vous a donné cette impression. Vous pouvez donc avoir une bonne idée de la véracité d'une réponse si elle comprend des émotions de l'interlocuteur. Mais plus encore si elle contient des émotions, des état d'âmes d'autres personnes présentes à cette soirée. Que pensez-vous de la phrase suivante mais dite de deux manières différentes ?
Phrase une : « je lui ai dit de ne pas faire ça »
Phrase deux : « je lui ai dit : « non, ne fais pas ça ! » »
La phrase deux est plus personnelle, comme si la personne prenait la responsabilité des mots qu'elle a prononcés. Si vous étiez la personne qui ment et que vous ne lui avez jamais dit ces mots vous aurez plus tendance à construire une phrase moins personnelle. La présence de phrase de type deux peut également ajouter un peu plus de poids quant à la véracité des faits.
Il y a un autre petit détail que vous pouvez noter dans les phrases construites à l'avance. Il n'y a que très rarement la présence d'événements négatifs. Les raisons en sont très simples, vous risquez de vous tromper et de ne plus vous rappeler de ce qui était négatif dans votre fausse histoire. Mais ce que vous risquez également c'est que votre interlocuteur veuille en savoir plus et vous pose donc des questions à ce propos. Ce qui, vous l'avez compris, va cette fois vous obliger à inventer en temps réel et devant lui une nouvelle histoire. Vous risquez alors de vous trahir par des gestes ou répondre tout à coup d'une manière très laconique. C'est tellement plus simple de dire oui, oui, tout va bien dans le meilleur du monde, il ne s'est rien passé. Comme ça, pas de justifications supplémentaires !

La généralisation qui constitue une réponse se trahit par son coté impersonnel mais c'est aussi un moyen plutôt habile de changer de sujet. Petit exemple d'une phrase prononcée par une femme à son mari : « *tu n'étais pas avec tes amis l'autre soir, avoue ! Je sais que tu me mens*.
> – *quoi !? Comment oses-tu me dire ça !? Tu n'as pas honte ? Tu sais bien que ce n'est pas dans mes habitudes ! Je suis quelqu'un d'intègre moi* ».

Dans cette réplique nous avons également la présence du dernier élément utilisé par les menteurs : la tentative de gagner du temps.
Cette phrase contient trois techniques : la première, gagner du temps. Cela permet de tenter de réfléchir rapidement à une solution pour s'échapper de ce traquenard. Cela se traduit par des questions en réponses à des questions. Nous avons ensuite la généralisation, « tu sais bien que ce n'est pas dans mes habitudes...etc. ». La troisième technique est une tentative de faire culpabiliser l'autre, qui se traduire parfois par une certaine agressivité. Le but est de dissuader par la force (des mots) l'autre pour lui faire passer l'envie de recommencer. Pour finir c'est aussi un bon moyen de changer de sujet et de parler alors de tout autre chose. Cette technique aux multiples visages ne se passe pas seulement dans des relations de couples mais bien partout, à la télévision par exemple lors de discussions sur fond de politique, lorsque l'invité en question se retrouve coincé par une question sensible.
Pour conclure ce chapitre, ce petit rappel de certaines techniques de détection des mensonges, voici un petit

résumé de ce dont nous avons parlé. Notre corps réagit aux émotions. Cela est du à notre cerveau dans lequel elles sont régies. Notre corps effectue des mouvements directement liés à ces émotions. Notre visage réagit, nos bras, nos jambes, tout notre corps bouge. Il se déplace dans l'espace, se rapproche de la source de l'émotion, s'en éloigne. Il s'ouvre, se ferme en fonction de la menace présente devant nous. Notre corps se positionne en fonction de l'état d'esprit dans lequel nous sommes. Nous pouvons être stressés avant, pendant et après un événement particulier. Cela se traduit aussi également par des paroles que l'on peut analyser pour se faire une idée. Bref vous êtes très bavard ,que vous soyez une personne extravertie qui essaie de se contrôler ou que vous soyez quelqu'un d'introverti qui parle peu.

Nous allons aborder à présent dans le chapitre suivant ma méthode pour lire à froid une personne...

Chapitre 3

LA LECTURE A FROID

Voici les avantages que pourra vous apporter ma technique de la lecture à froid : vous pourrez vous faire une idée de l'état d'esprit d'une personne en une fraction de seconde. Vous pourrez ainsi anticiper les possibles réactions de votre ou vos interlocuteurs et prendre les meilleures décisions en fonction de la situation. Vous améliorerez sensiblement votre lecture de l'autre car cet exercice demande un certain entraînement et vous devrez réfléchir très vite. Une bonne lecture à froid vous permettra également de ne pas être surpris dans bien des situations.

Dans le cadre de mon article « anticiper les réaction par la détection des mensonges » je présentais le cas d'un début de grève dans une grande entreprise Française d'où pouvait découler une série de licenciements. La démarche agressive des investisseurs et du PDG de l'entreprise avait pu être avortée par une lecture rapide de leurs états d'esprit. En sont découlées des prises de décisions rapides en termes de réponses et orientation des discussions. Nous allons étudier ensemble plusieurs situations réelles dans lesquelles j'ai utilisé la lecture à froid. Je vais reprendre une partie de la situation critique dans laquelle s'est retrouvée pendant plusieurs semaines la branche de la société dans laquelle je travaille. Je prendrai comme exemple l'analyse de l'interview d'une personne plutôt présente dans les médias américains au moment où j'écris ces lignes.

Vous pourrez ensuite sans problèmes l'adapter à toutes les situations auxquelles vous ferez face.

La communication volontaire. Voilà un concept que nous allons intégrer dans notre technique de lecture à froid afin de l'optimiser. La communication volontaire est la volonté délibérée de communiquer une image à une autre personne. Cela se traduit essentiellement par la manière de s'habiller comme nous allons le voir dans l'exemple suivant. Cette communication vise à donner une image (par exemple de décontraction) à l'autre afin de le tromper dans son interprétation, dans sa lecture de la situation (même inconsciente). La lecture à froid doit prendre en compte cette variable et la confronter à la lecture de la posture de la personne que l'on vise. Et vous allez voir à quel point cette technique est utilisée continuellement par les politiques les spécialistes, etc. En fait pour toute exposition aux médias mais aussi lors de rendez-vous d'affaires et même dans le domaine de la séduction. Bon, en fait, dès qu'il y a volonté de transmettre, pour ne pas dire imposer, une image.

Action. Pour replacer la scène sans trop perdre de temps dessus, tous les employés d'une certaine branche de l'entreprise attendent de pieds fermes deux investisseurs ainsi que le directeur général pour en découdre à propos de futurs licenciements qui pourraient avoir lieu quelques mois plus tard. Ils ne sont pas encore arrivés. Première chose à faire, débarrassez-vous de l'idée qui traîne dans votre tête qui est celle de se demander à quoi vont bien pouvoir ressembler ces investisseurs. Ne vous posez pas cette question, restez neutre à ce sujet. Pourquoi ? Tout simplement à cause du contraste qui pourrait se créer entre l'idée que vous en avez et la réalité qui pourrait vous impacter plus que vous ne pourriez le croire. Tout est dans l'impact visuel, votre cerveau va capter et enregistrer l'image qu'il va voir avant même que vous ayez dit ouf. Imaginez (je vais exagérer un brin) que vous vous êtes mis en tête que ces investisseurs sont tous en noir, costard cravate (noire), qu'ils portent des lunettes noires et qu'un stylo étrange avec une lumière rouge dépasse de la poche de leur veste. Et qu'en fait ils arrivent en short et chemise hawaïenne. L'impact dans votre cerveau va être d'autant plus fort que le contraste entre votre idée et la réalité est grand. Donc, attention. Car dans ce cas vous allez les trouver bien cool ces investisseurs (ou recruteurs peu importe) et l'image que vous vous faites d'eux risque d être faussée de même que vos décisions dans la foulée. Le petit problème c'est que **comme votre cerveau capte en permanence ce qu'il voit**, le fait que vous ayez ces personnes en chemise hawaïenne tout le temps de l'entretien devant vos yeux continue à renforcer dans le temps cette transmission d'une image cool. Une influence subtile et permanente à laquelle vous ne faites pas attention, mais votre cerveau lui, continue d'enregistrer les informations. Empêchez-vous de tenter de deviner à quoi ils vont ressembler, ne pensez qu'à une seule chose, analyser leurs postures / comportements lorsqu'ils vont entrer dans la salle et s'installer. Ensuite, observez leurs tenues, la façon dont ils sont habillés. Exemple avec le conflit social ci-dessus.

Les investisseurs et le directeur de l'entreprise entrent dans la salle et s'assoient. Tous les employés sont au fond de la salle face au trio. Les tables sont disposées de manière à former un grand ovale dans toute la longueur de la pièce. Le trio est positionné à l'opposé. Un investisseur sur le coté de l'ovale (ne fait donc pas face aux employés) l'autre est assis en face et a donc les employés devant lui et le directeur est assis en face du premier investisseur. Il ne fait donc pas face aux employés non plus.

Voici l'exemple complet d'une lecture à froid du premier investisseur. Quatre facteurs sont pour cela importants à retenir. Premièrement vous n'avez pas cherché à deviner à quoi il ressemblait avant qu'il n'arrive. Deuxièmement, procéder à l'analyse de l'impact visuel. C'est un homme d'une cinquantaine d'année, plutôt vers les cinquante cinq ans. Il a les cheveux grisonnants, il porte des petites lunettes et est souriant. Il a enlevé sa veste avant d'entrer et est donc en chemise blanche , légèrement déboutonnée. Les manches laissent apparaître une petite montre de type ancienne , montre à aiguille, discrète mais qui va bien avec le reste. Cet homme communique une image d'homme décontracté, sympathique et avenant. **Votre cerveau a déjà depuis bien longtemps enregistré et validé cette image.** Vous ne vous en êtes pas aperçu mais pourtant vous ressentez une impression de sympathie chez ce monsieur. Tout le contraire de ce pourquoi il est là. Troisième facteur, réfléchissez au contexte lié à ce monsieur. Cet investisseur représente un cabinet d'investissement, il est donc habitué à fréquenter des (gros) clients, à discuter, négocier, convaincre même d'autres investisseurs. L'age de ce monsieur sous-entend donc une certaine expérience du métier et de la communication. Vous pouvez donc penser que ce visage avenant et son impact visuel général sont le fruit d'une communication volontaire. Quatrième facteur, vous devez concentrer toute votre attention sur sa posture et sa gestuelle, ce qui va vous permettre d'avoir une bonne idée de son état d'esprit.

État d'esprit qui bien souvent ne va pas dans le même sens que la communication visuelle!

Cet homme à l'air pourtant si avenant ne s'est pas assis directement en face des employés. Nous avons vu précédemment qu'une personne gênée, qui a quelque chose à cacher, ne va pas faire directement face à la menace, si elle le peut elle va orienter son corps de coté. C'est une façon de se protéger. Il est assis normalement, ni trop avancé ni trop reculé mais il manipule son stylo d'une manière assez nerveuse. Les gestes sont brusques et le fait tomber de sa main régulièrement comme si quelque chose le préoccupait. En fait pendant toute la réunion il tiendra ce stylo entre ses deux mains comme pour créer un bouclier entre lui et les employés.

Si vous rassemblez les trois informations que sont l'analyse de l'image qu'il veut transmettre, le contexte propre à cette personne et sa posture, vous constaterez qu'il y a des contradictions. Cette personne veut donner une image qui est contredite par ses gestes, on peut donc penser qu'elle va probablement aborder des sujets fâcheux lors de cet entretien et peut être même dévoiler une personnalité contraire à son apparence décontractée. Cette première lecture à froid doit éveiller votre vigilance par rapport à cet homme.

Analysons maintenant la communication visuelle du deuxième investisseur. C'est un homme beaucoup plus jeune, la trentaine tout juste. Il est habillé en costard cravate (noirs) également mais n'a pas retiré sa veste, elle est même complètement boutonnée. Il ne sourit pas et son visage est tendu. L'impact visuel que notre cerveau capte est un homme fermé, qui n'a pas l'intention de plaisanter et qui ne sera pas forcément ouvert à la discussion. Que peut-on dire du contexte supposé lié à cette personne ? Cet homme est jeune, peut-être ne travaille t-il dans ce cabinet que depuis peu de temps. Il n'a donc pas l'expérience de son collègue et peut-être commet-il là une erreur de communication. Peut-être est-ce un jeune loup ambitieux qui va vouloir s'imposer, marquer le débat, faire ses preuves aux yeux de son pair ? Deux branches de réflexion qui, si vous en tenez compte, pourront peut-être vous éviter d'être surpris. Qu'en est-il de sa gestuelle ? Il s'est assis en face des employés. Est-ce une erreur ou essaie t-il de dominer les employés en tentant de s'imposer au centre ? On retrouve les deux branches de réflexion dont nous venons de parler. Il a disposé tout un tas de documents devant lui et pose ensuite ses mains croisées par-dessus. Le geste du « bouclier » visant à établir une sorte de périmètre de protection (comme pour bloquer toutes ces choses dont il ne voudrait pas entendre parler). Le regard est posé sur ses documents. Il ne le posera que très rarement sur les employés qui lui font face. Son visage est tendu et semble nerveux et hésitant. Si vous faites la synthèse de la lecture à froid de cet individu vous noterez également des contradictions entre le coté sérieux/sombre du visuel qui émane de lui et sa gestuelle hésitante et trahissant un manque de confiance en lui.

Voici les points à retenir de la lecture à froid :

1) Ne pas se faire une idée à l'avance de ce à quoi pourrait ressembler son interlocuteur pour éviter les surprises et donc l'impact sur votre cerveau surtout si c'est le but qu'il recherche. A savoir donner une image contraire à ses intentions réelles.

2) Étudier son apparence, sa communication visuelle. Il ne s'agit pas de savoir si sa montre est une rolex ou une « pif gadget » mais bien de déterminer l'impact visuel que produit cette personne à son entourage. Quelle impression vous donne votre interlocuteur ?. Croyez-moi votre cerveau a déjà capté cette image et s'en est fait une idée. Sinon la publicité n'existerait pas.

3) Réfléchir au contexte et à la situation personnelle de votre interlocuteur. Ce ne sont que des hypothèses, des pistes, mais croyez-moi, non seulement cette réflexion va s'affiner avec le temps et l'expérience mais en plus vous allez tomber de plus en plus juste. Cela peut vous éviter bien des surprises.

4) Étudier sa gestuelle. C'est ce qui va vous permettre de la confronter directement à l'analyse de l'impact visuel précédente et déterminer ainsi si cette communication visuelle est volontaire ou non. Cette analyse vous donnera ensuite une idée de l'état d'esprit des protagonistes et anticiper sur la suite des événements.

Rembobinons un peu le film et imaginons que vous ne fassiez aucune lecture à froid et donc que vous ne preniez en compte aucun des quatre points ci-dessus.

La réunion va commencer, les protagonistes ne sont pas encore arrivés et vous pensez, vu le contexte de la situation (les licenciements et le stress ambiant qui règne dans les locaux) que les investisseurs ressembleront à des hommes en noirs, lunettes noires, 4x4 noir de type FBI, bref à des personnes insensibles et impitoyables. Et vous voyez alors entrer dans la salle ce bon vieux monsieur en chemise blanche, cheveux grisonnants, petites lunettes et tout sourire. Vous regardez ensuite le deuxième investisseur en complet costard cravate noir. Tout de suite vous allez rester focalisé sur ce monsieur si sympathique qui apporte un peu de couleurs et de sourire dans cette ambiance morose. Cette image est dans votre cerveau et dans celui de vos collègues. Ce qui risque de se passer dans ce cas là c'est que toutes les questions, discussions, vont être dirigées vers ce monsieur qui est en fait le plus expérimenté.

Ce qui s'est réellement passé, dans cette réunion, c'est que grossièrement toutes les questions les plus sensibles ont été posées à l'homme le plus jeune car la lecture à froid à permis de déterminer qu'il était le point faible de cette réunion. Ces questions, incessamment posées à cet homme, ont fait qu'il fut encore plus embarrassé qu'au départ. Il eut du mal à y répondre correctement et fut repris quasiment à chaque fois par son collègue plus expérimenté ce qui n'a pas manqué de poser un certain discrédit sur cette réunion.

Vous l'avez remarqué, la lecture à froid peut aussi servir à trouver des points faibles dans une situation et de mener une attaque en conséquence.

Pour vous entraîner à développer votre capacité de lecture à froid vous pouvez vous exercer sur vos interlocuteurs points par points. Vous pouvez par exemple vous amuser à établir l'impact visuel que produisent vos interlocuteurs . Lorsque cela devient une habitude, essayez ensuite , même si vous n'êtes dans aucun contexte précis (comme les pistes de réflexions liées au sympathique monsieur, son age, son expérience), de deviner la personnalité de votre interlocuteur ou de la personne que vous observez. Rien que de faire cette gymnastique dans votre tête va vous habituer à réfléchir dans ce sens. Ensuite exercez-vous à étudier la gestuelle des personnes avec qui vous discutez ou encore les personnes que vous pouvez observer au quotidien.

Étudions à nouveau un exemple, celui d'une femme qui doit se faire interviewer sur une grande chaîne de télévision américaine. L'intervention de cette femme est très attendue. Car l'affaire dans laquelle elle figure est très médiatisée et divise l'opinion. L'interview commence. Passons en revue les quatre éléments constituant une bonne lecture à froid: ne pas tenter de deviner à quoi ressemble la personne ou son apparence si on l'a déjà vu. Analyse de l'impact visuel, réflexion sur le contexte et analyse de la gestuelle.
L'interview commence. Pendant que la journaliste remémore les faits aux téléspectateurs la caméra est fixée pendant une trentaine de secondes sur cette femme. Elle est vêtue d'un pantalon léger de couleur claire. Elle porte un débardeur blanc et un petit gilet en laine très fin par-dessus de couleur vert très clair tendant vers le blanc. Elle ne porte ni montre, ni bijoux.

Pas de colliers, de boucles d'oreilles ou même de bagues, absolument rien. Cette femme transmet une impression de simplicité (pas de signes extérieurs de richesse) de décontraction et d'ouverture. Le gilet est ouvert ce qui transmet l'image inconsciente suivante : je suis ouvert à vous mais vous pouvez aussi me poser les questions que vous désirez.

Analyse et réflexion sur le contexte lié à cette personne. Cette personne est très attendue par les médias. Elle divise l'opinion, et ses propos, mais aussi l'image qu'elle va renvoyer, vont être très importants. Lorsque vous vous présentez à un entretien d'embauche vous présentez-vous en survêtement ? Non, car vous savez que vous allez être observé. Ici c'est la même chose. L'élément qui peut paraître étonnant c'est le manque total de bijoux. Une majorité des femmes (du moins toutes celles que je connais) portent des bijoux en toutes circonstances. Pas forcément autant que Mister T mais au moins un petit bijou. Ce détail m'amène à penser que l'apparence vestimentaire de cette femme a été préparée et je dirai même conseillée, afin de créer un impact visuel de sympathie et de décontraction que votre cerveau a bien capté.

Au tour de l'analyse comportementale. Cette femme est assise sur une chaise, les mains sont jointes, comme si l'une prenait l'autre et le tout posées sur ses jambes. J'ai fait référence à cette position dans l'exemple de la personne debout dans les transports en commun. Les mains jointes couvrant les parties génitales, pour créer une sorte de barrage. Cette femme a la même posture mais assise. Cela traduit la présence d'un certain stress. Difficile de dire si cette personne cache quelque chose car qui serait vraiment à l'aise devant des caméras, face aux questions de journalistes et en étant vu par des millions de personnes. C'est plus tard que les gestes vont mettre le doigt sur des divergences entre ses paroles et ses pensées réelles.

En faisant la synthèse de cette lecture à froid nous constatons que l'image donnée par cette femme est mise à défaut par sa gestuelle. Ce qui vient conforter à nouveau l'hypothèse de l'analyse de l'impact visuel et du contexte à savoir la communication volontaire d'une image.

Plus vous vous entraînerez plus vous serez capable d'exécuter cette lecture à froid rapidement. En quelques secondes pour être exact. Votre cerveau n'attend que ça, que vous lui appreniez les choses et ensuite vous pouvez compter sur lui pour faire le travail rapidement.

Voici pour résumer les quatre points essentiels d'une bonne lecture à froid.

1) Ne pas tenter de deviner comment sera la personne que vous allez rencontrer. Si cette personne tente de vous attirer dans son jeu en préparant son aspect visuel mieux vaut que le contraste entre l'idée que vous vous en êtes fait et la réalité ne soit pas trop grand. Contraste important, égal surprise importante, donc émotion plus importante et donc impression plus forte dans votre cerveau. Les émotions ont un lien très fort avec le processus de mémorisation. N'oubliez pas que votre cerveau va capter en une fraction de seconde l'image qu'il va voir.

2) Analyse visuelle de votre interlocuteur. Cela vous permet de déterminer l'impact visuel que la personne veut consciemment ou non imposer à l'autre. Cela vous permet d'en prendre conscience vous-même.
3) Réflexion sur le contexte personnel de la personne à analyser.
4) Analyse comportementale de la personne.

La confrontation des trois derniers points va vous donner des indices sérieux sur la personne que vous avez en face de vous. Son état d'esprit sera plus clair à vos yeux et vous pourrez soit « attaquer » cette personne sous le bon angle ou, si vous n'avez pas l'initiative, anticiper ses réactions. Avec un bon entraînement vous pourriez presque faire croire que vous lisez dans les pensées des autres. Ah, mais c'est pas du mentalisme ça ?

Le point numéro un n'est que l'introduction de ce dont nous allons parler dans les chapitres suivants. Notamment à propos d'une technique de mentalisme appelée misdirection ou plus précisément le détournement d'attention. Elles peuvent être très redoutables pour le menteur professionnel. Vous venez d'en voir un exemple dans le cas du premier investisseur. S'il ne s'agit pas d'une tentative de détourner votre regard ailleurs il s'agit pourtant d'une tentative de dévier, d'influencer directement votre pensée !

Nous allons voir dans le chapitre suivant une technique de lecture à froid utilisée par les voyants, les mentalistes notamment dans les tours de magie, mais

aussi par des commerciaux ou des escrocs. Certaines personnes le font inconsciemment mais d'autres étudient précisément les techniques que nous allons voir.
Bienvenue dans le monde glacial du cold reading...
Désolé, il fallait que je la fasse celle-là.

Chapitre 4

COLD et CONSTANT READING

Tout au long du chapitre précédent j'ai volontairement laissé la distinction entre les termes « lecture à froid » qui représentent ma technique de lecture des autres, et le « cold reading » dont nous allons parler et qui est, selon moi, un art à part entière.
Qu'est-ce que le cold reading .
Le cold reading est un savant mélange de techniques de manipulations, de connaissances psychologiques de l'être humain le tout enveloppé de connaissances statistiques sur les habitudes de chacun et chacune. Ces trois paramètres combinés ensembles, ainsi que l'ajout de quelques paramètres supplémentaires, permettent d'obtenir des résultats très impressionnants de manipulations. Ces techniques sont utilisées en mentalisme, en magie, en communication et permettent de lire l'autre. Cette lecture permet de dériver vers des pratiques comme la voyance, la médiumnité et tous ces domaines où la logique atteint ses limites.
La voyance est l'art de percevoir des informations sous forme de flashs, d'images mentales, de sensations à propos d'événements passés, présents ou futurs. Un médium est une personne ayant la faculté de devenir le canal de transmission entre le monde des esprits et le notre. Exactement à l'image du personnage Patrick Jane de la série télévisée Le Mentaliste. Avant de travailler pour la police le héros de la série était médium et était capable de communiquer avec des personnes décédées. Il gagnait sa vie en organisant des séances collectives où il pouvait communiquer avec les morts. Si Patrick Jane est un personnage de série, il existe réellement des personnes qui font cela et qui gagnent très très bien leur vie. Le monde du psychique est une véritable industrie assise sur des milliards de revenus générés chaque

année. L'industrie de la voyance en fait partie et il est très facile de trouver sur internet, à la télévision, dans les journaux des « psychiques » qui abusent de façon tout simplement honteuse des personnes en difficultés personnelles.

Je vais vous plonger dans les entrailles de cet art car je pense que c'est le plus abouti en matière d'utilisation du cold reading.

J'ai retranscrit en plus de mes exemples deux consultations téléphoniques retransmises en direct à la télévision. Deux très bons exemples de cold reading. Certains voyants/médiums présents lors de ces émissions ne prennent même pas la peine de faire un effort et disent oui à vos questions quelles qu'elles soient, avant même que vous ayez fini votre question et en ayant retourné deux ou trois cartes au hasard. Sous prétexte qu'elles ont un nom dans le milieu. Mais comment font-ils pour se faire un nom ? Comment se fait-il que leurs prévisions se réalisent ? Les témoignages de personnes confirment souvent leurs réputations et dans les deux exemples dont nous allons parler la voyante touche juste dans ses visions. A coté de cela les exemples ne manquent pas de personnes ayant dépensé parfois plusieurs milliers d'euros dans des consultations. Très récemment une amie, avec qui je discute absolument de tout, a partagé avec moi une consultation qu'elle a passée avec une voyante quelques jours plus tôt. Après la fin de son récit j'ai démonté points par points tout ce que lui avait révélé cette voyante avec une grande facilité (sur sa demande bien sur).

Vous aussi vous pourrez le faire à la fin de ce chapitre et avec la même aisance. Je vous montrerai par A + B comment la réputation de telles personnes se construit et donc par la même occasion leur crédibilité.

Je vous présente Pierre. C'est un voyant et un ami dont j'ai fait la connaissance il y a maintenant plus de quinze ans. Je l'ai connu dans une salle de sport, dans laquelle je travaillais à l'époque comme entraîneur sportif, par l'intermédiaire d'une amie commune qui venait s'entraîner régulièrement avec lui. Un jour alors que nous discutions de voyance elle décida de me présenter à lui. Il n'en fait pas son métier, il ne gagne pas d'argent avec ce don et ne le pratique que pour ses proches. Par contre il fait des prédictions très surprenantes avec l'interprétation des cartes et parle même de temps en temps des flashs visuels à propos d'événements précis. Ayant sympathisé avec lui et en retour des nombreux conseils que je lui avais prodigués en matière sportive, il me proposa une séance afin de mettre en doute mon scepticisme de l'époque au sujet de la voyance.

Je vais vous retranscrire à peu près ce qu'il m'a dit à l'époque. C'était il y a quinze ans mais j'avais pris quelques notes que j'ai soigneusement conservées (oui je note et conserve toujours ce qui m'intéresse).

Prenez des notes et gardez en mémoire tous ces dialogues car nous les décortiquerons plus loin dans ce chapitre.

Allons-y : « *alors, Philippe je vois une personne sérieuse, déterminée qui va toujours au bout de ses objectifs. Mais il y a toujours un intérêt derrière tout cela, tu n'es pas du genre à faire les choses pour rien.*

Tu n'aimes pas perdre ton temps. Je vois également quelqu'un ouvert aux autres. Les gens n'hésitent pas à se confier à toi. »
Comme je n'avais pas de thème particulier à aborder, il me proposa de parler du thème du travail et des relations amoureuses. Ah ben oui ! Allons-y : « Je vois dans le futur travail que tu vas faire, une très bonne carrière, tu y feras ta place et occuperas des fonctions gratifiantes (il savait que j'allais entrer sous peu dans la Gendarmerie) . Mais je vois aussi que tu vas faire quelque chose de nouveau, je n'arrive pas à voir ce que c'est, c'est quelque chose qui n'existe peut-être pas encore. Peut-être un rapport avec les technologies. »

Hum...bon d'accord je me dis et les relations amoureuses ? Je passe sur toute l'ambiance et la procédure qui consiste à s'installer en face à face, à se concentrer, à tirer les cartes, à réfléchir, interpréter etc.
Réponse : « Ah, pour cela j'ai perçu une image particulièrement nette, et l'interprétation des cartes me le confirme, c'est en rapport avec la fille que tu viens de rencontrer, je vois un rapport assez fort avec l'argent et je ne vois pas forcément quelque chose de durable dans cette relation. Je pense que tu devrais y accorder une certaine attention. »
Ah, ça ne fait pas toujours plaisir à entendre ce genre de choses. Et pourtant c'est bien ce qui s'est passé quelques mois plus tard, la personne avait en effet un certain intérêt pour l'argent. Damned ! Mais il avait raison. Il a vraiment un don alors.
Et si je vous dis qu'en fait il n'a aucun don, que tout ce qu'il m'a dit n'est qu'une série de phrases construites

autour d'une lecture de votre humble serviteur ? J'ai été en partie cold-readé (du verbe cold-reader). Si, je vous le dis, tout ceci n'est que du cold-reading et de la manipulation d'informations. Mais le flash qu'il a eu à propos de ma petite amie de l'époque alors ? Comment a t-il fait ?

Retour vers le présent. Après ces quelques semaines de travail sur le cold reading et un entraînement intensif à l'art de la voyance en compagnie de Pierre, celui-ci me mit au défi, en plus mon expérience en détection des mensonges, de prouver que les flashs, de l'amie avec qui il m'a programmé une séance, étaient faux. Hum, je veux bien faire le tour du monde en moonwalk si j'échoue (me dis-je sur le moment).
Après un bref échange téléphonique avec Anne au cours duquel elle me demanda ma date de naissance et l'endroit où je vis, je conviens de l'heure et du lieu de la consultation. La rencontre aura lieu chez elle car c'est l'endroit où elle reçoit d'habitude ses clients.
Après le tirage des cartes et un descriptif général de mes traits de personnalité, comme dans l'entretien avec Pierre, elle me demanda quel thème je voulais aborder avant de parler des visions qu'elle avait eues. Je lui demandais alors de me parler de mon futur professionnel.
Laissons lui la parole : « *je vois un métier intéressant, prenant mais je vois également une évolution dans ce métier, ça reste assez flou mais je dirai dans un intervalle de temps de trois à six mois qu'il y aura une évolution. Soit vous allez changer de boite, soit vous aller évoluer au sein de la société. Je vois un prénom,*

Eric ou Frédéric. Connaissez-vous un de ces prénoms ? »
Oui effectivement, il y a un Eric, mon directeur de projet ET un Frédéric ! Après le lui avoir dit je vis un léger sourire sur ses lèvres une fraction de seconde. Elle me confirma alors que cet Eric pourrait bien avoir un lien avec mon futur professionnel. Elle enchaîna ensuite sur les visions qu'elle a eues. Visions qu'elle a généralement au tout premier contact visuel de la personne. Voici ses dires : « *j'ai eu la vision d'une voiture qui pourrait vous rentrer dedans, rien de grave mais juste un peu de dégâts matériels. Je n'ai vu aucune date je ne sais pas quand cela pourrait arriver. Mais la vision que j'ai, la plus forte et qui est constamment présent dans mon esprit, est la présence du nombre 6432 ou 6435 près de vous. Il y a quelque chose que vous possédez en lien avec ce nombre, j'en suis sur c'était un flash vraiment net. Comment êtes-vous venu ? À pieds ? En bus ou en voiture ?* »
En hydravion lui dis-je (non je plaisante, en voiture). La séance était terminée. Au moment de partir, Anne me dit : « *je vais faire une pause mon prochain client ne vient pas avant trente minutes, puis-je vous accompagner et pourrais-je voir votre voiture si vous le permettez ?* »
Si je n'ai aucun mal à mettre en évidence le cold reading dans toute la séance, là j'avoue que j'ai été bluffé. Car sur le trajet qui menait à ma voiture, accompagné de Anne, je cogitai comme un débile pour trouver le rapport avec ce numéro. Qui était, je m'en rappelais tout d'un coup en étant devant ma voiture, le premier numéro de ma plaque d'immatriculation.

« *Ok, c'est bien le nombre que j'avais vu dans mon flash, je n'étais pas sure que cela avait un lien avec votre voiture, merci.* » me dit Anne avec le sourire.
Hum...mais comment a t-elle fait, je n'ai pourtant vu personne dans la rue en arrivant et son cabinet de voyance se situe dans un bâtiment au fond d'une cour. Aurait t-elle un véritable don ? Réponse un peu plus tard dans ce chapitre mais en attendant...

Voici le déroulement de la suite du chapitre.
Je vais vous présenter la retranscription d'une émission de télévision où des téléspectateurs peuvent appeler des voyants présents sur le plateau et leur poser une question. Lisez bien ce dialogue car nous allons ensuite le décortiquer et commencer à parler du cold reading. Ensuite, je vous donnerai un autre dialogue de ce show afin que vous puissiez vous exercer à votre tour qui sera suivi par la correction. Les dialogues sont retranscrits tels qu'ils ont été prononcés, seuls les prénoms ont été modifiés.

Dialogue 1

La voyante/médium Patricia est présente au coté du présentateur qui accueille les clients. Le présentateur demande à Patricia comment fait-elle ses prédictions. Elle lui explique alors qu'en entendant la voix des clients elle perçoit des vibrations et des images qu'elle interprète alors.
Le présentateur reçoit l'appel : « nous allons accueillir Lucienne, bonjour Lucienne
    – *Bonjour, oui je suis Lucienne de Vendée.*

– *Bonjour Lucienne, comment allez-vous ?*
– *Ça va, avec le beau soleil ça va.*
– *Bien, je vous laisse poser votre question à notre médium Patricia.*
– *D'accord, bonjour Patricia »*
La médium Patricia prend donc la parole : « bonjour Lucienne... mais je sais pas pourquoi mais j'ai l'impression que je vous connais.
– *Euh (Lucienne réfléchit un bon moment), ben je sais pas si je vous ai eu c'était l'année dernière.*
– *Ah d'accord, bon ok on oublie alors, vous me donnez votre age Lucienne ?*
– *Je viens d'avoir 68 ans au mois de mai.*
– *68 ?! Mais quelle pêche hein !*
– *Euh, pas toujours.*
– *Non, mais bon là c'est le moral, mais je vois tout de même chez vous beaucoup énergie.*
– *C'est vrai.*
– *Bon, Lucienne il ne faut pas vous occuper de trop de monde autour de vous parce que je crois que vous donnez trop.*
– *Tout à fait.*
– *Il faut penser à vous. Allez-y j'écoute votre question.*
– *Alors j'ai l'intention d'ici quelque temps de vendre mon appartement , est-ce que vous me voyez emménager dans un appartement avec quelqu'un ou pas ?*
– *Alors, déjà pour vendre votre appartement (réflexion de la voyante) il n'est pas en vente , si ?*

- *Non je compte le vendre d'ici l'année prochaine.*
- *(La voyante réfléchit un peu) alors c'est une appartement qui peut se vendre facilement parce qu'il est bien placé. (la phrase sonne un peu comme une question)*
- *Oui.*
- *(La voyante reprend aussitôt) euh... il n'est pas trop haut en étage. (la phrase sonne encore comme une question)*
- *Non, il est au rez de chaussé.*
- *Ah ben voilà, je le voyais pas trop haut. (silence volontaire)*
- *Est-ce que vous me voyez emménager dans un futur appartement avec quelqu'un ?*
- *Euh, pourquoi j'ai Michel, c'est qui Michel ?*
- *Ah je ne connais pas.*
- *Parce que là pour le moment, il n'y a pas vraiment quelqu'un dans votre vie là. (comme une question)*
- *Si, y a Patrick.*
- *Patrick... Oh il est pas un peu réticent lui ?*
- *Euh oui un petit peu.»*

L'animateur intervient en disant qu'il s'agit peut être d'une future rencontre. La médium reprend la parole : « moi Patrick je le sens réticent. Il a peut être l'envie. Il a peut être l'envie Lucienne hein (répète t-elle).

- *Est-ce que vous voulez sa date de naissance. (poursuit Lucienne) ?*
- *Non, mais je sens qu'il est plus jeune.*
- *Euh, treize ans plus jeune que moi.*

– Ah ! Écoutez, il y a une harmonie entre vous, quelque chose qui est bon mais pour vivre ensemble il y a quelque chose que je sens moins. Mais Lucienne, je peux vous répondre très clairement.
– Allez-y.
– Vous déménagerez c'est sur, je ne sais pas si c'est avec votre Patrick mais en tous cas je pense que vous pouvez avoir quelqu'un. Pour le moment vous ne le connaissez peut-être pas. Mais c'est quelqu'un qui me semble être un prénom Michel ou Jean-Michel et qui est vraiment bien. Ça peut vous tomber sur le nez, vous pouvez le rencontrer dans un centre commercial ou quelque chose comme ça parce que je vois quelque chose qui s'étend, où on fait des courses. Mais le Patrick je ne sais pas, il me semble un peu réticent, je ne sais pas s'il est prêt à déménager lui.
– Pour l'instant il est en colocation.
– Oui mais je ne sais pas s'il est prêt à changer sa vie comme ça, à déménager, en tous cas vous déménagerez. Si c'est avec lui tant mieux Lucienne mais j'ai l'impression que cela peut être avec quelqu'un d'autre.
– (Réflexion de Lucienne)
– Mais il est gentil ce Patrick...
– Oh là mon die.
– C'est quelqu'un qui s'est toujours laissé bouffer par tout le monde.
– tout à fait.
– Il a perdu beaucoup, il a perdu déjà une

56

situation, il rame votre Patrick.
- *Oui, il travaille en ce moment.*
- *Oui mais il a eu des coupures dans son travail, là il s'y tient parce que c'est quelqu'un qui fait bien son travail, mais il s'en prend plein la tête.*
- *Tout à fait , il est en colocation mais il m'a dit « je souhaite reprendre ma liberté ».*
- *Oui mais pour reprendre sa liberté, il la prendra pas tout de suite parce qu'il lui faut plus d'argent, il ne veut pas se retrouver sans rien.*
- *Tout à fait. (poursuit Lucienne)*
- *Et pour prendre un grand appartement, même si vous lui donnez tout, si vous voulez tout partager avec lui euh ce n'est pas quelqu'un qui se laisse trop entretenir. Il est tout de même assez orgueilleux. Sans ça votre relation avec lui aurait déjà été plus vite.*
- *D'accord.*
- *Il veut montrer aussi son territoire.*
- *Tout à fait.*
- *Adorable, il est très gentil Patrick. (enchaîne la voyante)*
- *Oh la la mon dieu, il est du signe de la vierge.*
- *Bon, je diras pourquoi pas Patrick (finalement assez présent, pas de signes de conflits apparents) mais vous ferez une rencontre qui n'a rien à voir, mais Patrick c'est vrai que (réflexion) il va très doucement quand même. Votre maison sera*

vendue, oui, parce qu'elle est très sympa à vendre, elle est bien située, maintenant voilà. (silence forcé)
- J'ai plus qu'à attendre alors ?
- *Ben là moi je n'aime pas faire attendre les personnes parce que le destin c'est le destin. Je pense que vous n avez que ça à faire de toute façon(tout à fait répond Lucienne en même temps). Voilà, mais ça va dans le bon sens mais Patrick il est pas prêt de quitter maintenant ce qu'il a. Il a l'envie mais il veut se refaire une santé financière.*
- *Ah voilà je pense donc ça sera peut être pour la fin de l'année, début de l'autre alors (questionne Lucienne) ?*
- *Euh oui je pense plutôt, parce que je vois qu'il a aussi des dettes.*
- *Euh oh oui ! C'est vrai, oui. J'espère qu'il volera de ses propres ailes l'année prochaine.*
- *Écoutez si vous êtes là pour l'aider il acceptera mais je vous dis il aime bien lui aussi faire les choses, reprendre confiance en lui et voilà, c'est ça qui est important. (Lucienne ne dit rien) Lucienne ?*
- *Il reprendra confiance l'année prochaine alors.*
- *Oui et je pense que vous pouvez l'aider. Il y a des sentiments aussi c'est sur.*
- De part et d'autre ?
- *Oui mais lui il ne les montre pas ses sentiments, c'est quelqu'un qui est un peu introverti.*

― *Tout a fait.* »
Voilà Lucienne reprend le présentateur. « bon je vous remercie pour tout ce que vous avez dit » dit Lucienne.
Fin du dialogue.

Voici quatre éléments importants qu'il faut bien retenir et qui font partie du processus de manipulation.

Le premier point est l'état d'esprit dans lequel se trouve la personne qui va consulter un voyant. Cela peut être une personne ayant subit un drame personnel dans sa vie. Elle peut être dans une mauvaise passe, elle est indécise, angoissée. Elle doit prendre une décision importante dans sa vie mais ne sais pas quoi faire, elle a peur de ce qui pourrait se passer dans le futur pour elle ou ses proches. Bref tout les tracas de la vie pour lesquels il est normal de s'inquiéter et pour lesquels nous aimerions avoir une réponse. Qui n'a pas traversé de mauvaise passe dans sa vie ? Si cela est normal, certaines personnes ont une résistance au « stress de la vie » plus importante que les autres. Les autres peuvent se sentir plus vulnérables. Et si quelqu'un connaissait les réponses à mes questions ? Mes amis ? Non en plus ils ont leurs propres soucis. Mes voisins ? Mes parents ? C'est dans ces moments difficiles, ces moments de doutes que nous aimerions avoir ne serait-ce qu'un indice de ce qui va se passer dans notre futur. La personne que je viens de rencontrer est-elle la bonne personne ? Vais-je faire ma vie avec elle ? Je viens d'être muté dans une autre région pour mon travail. Je vais devoir déménager et toute ma famille avec. Ou dois-je démissionner ? Quelle est la bonne décision à prendre? Et si je consultais un(e) voyant(e) ?

Ce premier point est d'une importance capitale, c'est **l'état d'attente** dans lequel se trouve le « client ». Il va contribuer en grande partie au bon déroulement de la séance.

Deuxième point.
Neutraliser les capacités d'analyses et de réflexions du client en utilisant la technique qui consiste à bien faire comprendre au client que les visions, les flashs, les sensations qui seront ressentis ne seront pas forcément précis. Mais surtout, ces visions ne sont que l'interprétation de quelque chose, ici : les cartes qui ont été tirées. Ce n'est donc pas la peine de s'en prendre au voyant si l'on ne trouve pas les résultats satisfaisants. Cela a pour effet supplémentaire d'obtenir inconsciemment la coopération du client qui bien souvent va aider le voyant dans ses interprétations en recherchant dans sa vie des éléments en lien avec les prédictions. Le client étant dans un état d'attente, il va tout faire pour rechercher la moindre correspondance. Et vous allez voir la pirouette utilisée par ces voyants lorsque le client n'a rien trouvé qui puisse se rapporter à un élément de sa vie. Une fois cette simple coopération obtenue la porte est grande ouverte à des prédictions de ce type : « *je vois un certain Eric dans votre vie ou un Frédéric qui a un lien avec la question que vous m'avez posée. Connaissez-vous un Eric ou Frédéric ?*

– Euh non, pas vraiment.
– *Cherchez bien cela peut être un Cédric.*
– *Hum je connais une Erica par contre...*
– *bien !* »

Quand bien même vous n'aurez trouvé aucun prénom ou nom liés de près ou de loin à Eric le voyant vous

répondra non sans assurance : « *bien, écoutez, gardez bien ce prénom à l'esprit car vous rencontrerez certainement une personne à consonance « Ericienne » qui aura un lien avec votre affaire* ». Et hop emballé c'est pesé.
Deuxième point important donc, déporter le pouvoir de voyance sur l'interprétation des cartes ou d'autres ustensiles, sur les visions, les flashs etc. Ce qui aura pour effet de ne pas vous en prendre directement au voyant, car il ne fait qu'interpréter ce qu'il voit ou perçoit. Le client est dans un tel état d'attente de réponses que cela aura également pour effet de créer chez lui une sorte d'état de coopération inconscient. Pauvre voyante, cela doit être dur pour elle ce pouvoir, si je peux l'aider à interpréter...
En général, dès le début de l'entretien, le voyant va vous expliquer sa manière de travailler. Certain vont mixer des contacts tactiles comme toucher les mains pour simuler l'apparition de flash, puis tirer les cartes , faire un peu de numérologie, puis ensuite vous livrer leurs interprétations.

Troisième point.
Dans ma méthode de lecture à froid j'ai abordé le point extrêmement important de l'impact visuel, de la transmission volontaire d'une image à l'autre. Si la façon de s'habiller d'un voyant transmet une certaine image professionnelle de son métier la fabrication d'une ambiance est toute aussi importante. L'ambiance dans laquelle vous êtes accueillis dépend bien sur du voyant mais en général de la même manière que vous ressentez une ambiance particulière en entrant dans une église comme lorsque vous entrez dans un tribunal, vous

ressentirez une ambiance particulière lorsque vous entrerez dans un cabinet de voyance. Accueillir un client chez soi a aussi son petit effet car le client va se sentir privilégié ou reconnaissant d'entrer ainsi un petit peu dans l'intimité du voyant. Cela peut même contribuer au renforcement de la confiance qu'on lui porte.

Quatrième point.
En y réfléchissant un petit peu, toutes nos actions et nos actes semblent motivés par le souci d'éviter la douleur ou de rechercher le plaisir. Préférez-vous le bien ou le mal ? Préférez-vous le plaisir ou la douleur ? Préférez-vous que les choses aillent bien ou que tout aille mal ? Si vous associez cela au fort état d'attente du client il va se produire un phénomène intéressant. Celui-ci aura une forte tendance à ne vouloir retenir que ce qui l'intéresse. Et donc à ne retenir que les interprétations et prédictions qui toucheront juste. Et donc à oublier toutes les autres. Si le voyant fait toujours en sorte de ne pas vous froisser et de ne vous prédire que des choses qui vont dans le bon sens, dans votre sens, le simple fait que vous ayez accepté que ses prédictions ne proviennent pas directement de lui mais qu'il ne fait qu'interpréter des signes, fera que vous n'accorderez aucune importance aux « ratés » et donc les oublierez bien vite. Ce phénomène contribue grandement à la fabrication de la réputation du voyant/médium dont nous verrons le mécanisme exact un peu plus loin.

Avant de décortiquer le dialogue ci-dessus récapitulons les quatre points importants :

1) L'ambiance créée par la voyante / médium.
2) L'état d'attente de la personne venant consulter.
3) Le voyant explique au client qu'il interprète des signes, des images, des flashs, qu'ils ne seront peut-être pas précis. Cela suggère inconsciemment dans l'esprit du client l'idée qu'il va pouvoir aider le voyant dans ses interprétations. Cela a pour effet de bloquer les tentatives d'analyses du client.
4) L'état d'attente du client fait qu'il ne se rappellera que des prédictions qui toucheront juste et oubliera les autres.

Décryptons cette séance téléphonique et télévisée.

En premier lieu, l'ambiance. Si ce n'est pas l'ambiance d'une pièce spéciale préparée pour faire de la voyance il s'agit ici d'un plateau de télévision. Cela pourrait bien sur refroidir les gens qui n'aiment pas s'étaler en public. Cependant il y a pourtant matière à analyse et surtout en matière d'image affichée. C'est une émission de télévision, donc c'est quelque chose d'important. Et si c'est quelque chose d'important alors c'est que les voyants / médiums qui interviennent dans cette émission doivent êtres réputés. Il ne viendrait pas à l'idée d'un charlatan de venir se ridiculiser à la télévision. De plus beaucoup de gens qui appellent pour avoir un entretien avec eux, pensent qu'ils doivent être efficaces.

De toute façon les voyants qui travaillent pour ces émissions de télévisions sont présentés comme des voyants connus et qui exerce la voyance comme métier.
Ensuite, au début de l'émission le présentateur demande toujours au voyant d'expliquer un petit peu comment il travaille. Est-ce avec les cartes, a t-il des flashs lorsqu'il entend la voix de quelqu'un, lorsqu'il regarde sa photo ? C'est à ce moment là que vous prenez conscience que le voyant ne fait qu'interpréter quelque chose, il ne voit pas lui même les prédictions. Même s'il a un flash il vous dira toujours quelque chose comme « je vois une image, je ressens quelque chose, je perçois ».
Lorsque la séance commence le voyant vous demandera toujours à quand remonte la dernière fois que vous avez consulté un voyant / médium. Vous pourriez penser que dans ce monde de puissances psychiques hors du commun, des interférences pourraient avoir lieu entre les médiums. Eh bien non. Pour une raison très simple. Dans notre exemple la voyante exerce par téléphone, elle ne peut donc voir la personne, c'est la raison pour laquelle elle dit : « je ne sais pas pourquoi, mais j'ai l'impression de vous connaître ». La cliente plonge les yeux fermés : « non, peut-être l'année dernière ». Cela évite à la voyante de faire une deuxième prédiction à une personne à laquelle elle aurait déjà fait une séance récemment et ainsi lui prédire autre chose , voire le contraire de ce qu'elle lui avait dit avant. C'est pourquoi, même lors d'une séance en tête à tête un voyant vous demandera toujours cela, pour éviter de dire le contraire de ce que vous aurait dit un de ses confrère si vous décidiez de consulter plusieurs voyants. C'est pour cela qu'ils vous conseillent aussi de ne consulter un voyant que tous les

trois ou six mois par exemple. Dans notre exemple télévisé, la voyante, ne voyant pas son interlocutrice, n'a pas du tout envie de retomber sur la même personne.

Une personne qui possède des dons de voyance devrait savoir pourquoi vous êtes là, quel est le but de votre visite non ? Sans vous poser la question. Si avec une grande expérience du cold reading il est possible de le faire avec un certain succès, là les voyants ne se cassent même pas la tête ! Dans cette émission les téléspectateurs sont invités, sûrement avant de commencer l'émission, à donner leur age puis leur région de résidence dès qu'ils sont présentés aux voyants. Deux sérieux indices, pour commencer à tisser des premières prédictions, jouer sur des points particuliers propres à ces régions etc. L'age est très important en cold reading, c'est un des éléments statistiques qui donnent le plus d'indications sur la personne. En effet les différentes étapes que nous traversons dans la vie correspondent à différentes tranches d'ages. L'adolescence que l'on peut placer entre 14 et 18 ans, l'entrée dans la vie active de 18 à 25 ans, la construction d'une famille, le mariage, les enfants entre 20 et 35 ans. Entre 35 et 45 ans beaucoup de changements peuvent s'opérer dans la vie, remise en question, séparation, divorce, orientation professionnelle. A la lisière de la cinquantaine se produit une évolution émotionnelle et beaucoup de questions commencent à se poser, notamment au sujet du futur, de la santé, de la mort. Ce ne sont que des généralités et cela ne correspond pas forcément à tout le monde mais si l'on combine ces tranches d'ages aux trois axes des raisons pour lesquelles les gens viennent voir des voyants, vous pouvez avoir une bonne idée de ce pourquoi elles sont là.

Les trois axes principaux qui font que les gens vont consulter sont :
1) Les relations / le sexe
2) L'argent / la carrière
3) La santé

Anne me donnait les statistiques suivantes sommairement tirées de ses consultations. En général les jeunes qui se présentaient à elle, environ 20-25 ans étaient surtout venus la voir pour des histoires de cœur. Ce sont en grande majorité des hommes. Mais l'essentiel de ses clients sont pour la plupart des femmes, environ 30% âgées entre 30 et 35 ans, 30% âgées de plus de 40 ans et 40% de plus de cinquante ans.
La plupart des problèmes de ses clientes âgées de la trentaine sont : soit des femmes seules, qui se demandent si elle vont rencontrer bientôt quelqu'un (point No 1, les relations) , soit des femmes en couple qui se demandent si leur relation va durer. Cela peut être aussi pour des questions liées au travail, un nouveau poste, un changement de société.
Pour la catégories des femmes de plus de quarante ans les problèmes sont toujours liés aux relations / sexe. Mais plus axés sur des questions de divorce, de remise en question du couple, de déménagement éventuel.
Les femmes de plus de cinquante ans ont aussi des angoisses liées aux relations qu'elles entretiennent avec un homme. Si elles sont seules, c'est la peur de finir seules justement qui suscite des questions.

Il lui arrive d'avoir quand même des clients hommes d'environ la quarantaine mais les questions ont toujours tourné autour du travail. On constate avec ces brèves statistiques que les trois axes sont représentés. Moins pour ce qui concerne la santé même si elle a déjà reçu des personnes s'interrogeant sur la santé d'un proche.

Cette équation qui combine les relations, le travail, la santé et la catégorie d'age des personnes constitue la base du cold reading.

Vous pouvez ajouter à cette équation l'état d'esprit du client, c'est à dire son état d'attente, son état coopératif (nous avons vu pourquoi) et le fait qu'il ne retiendra que les points positifs ou bien ciblés par le voyant.

Continuons l'analyse du dialogue.
Après avoir utilisé la technique du temps qui lui permet de vérifier qu'elle n'a pas eu cette personne en consultation récemment, Patricia la voyante demande l'age de Lucienne ! Ne pouvait-elle pas le deviner ? Non bien sur, autant le demander. En plus cela permettra à Patricia de resserrer l'étau quant à l'éventuel problème de Lucienne. Celle-ci ayant donné aussi son emplacement géographique en se présentant. « 68 ans » dit Lucienne d'une manière plutôt dynamique que Patricia a tout de suite utilisé : « 68 ? Mais quelle pêche ! ». Contré aussitôt par Lucienne par un « non, pas vraiment ». Comment Patricia rebondit ? « non, mais là c'est le moral, mais je vois tout de même chez vous beaucoup d'énergie ». Le moindre indice peut être utilisé, ici le son et la tonalité dynamique de la voix de Lucienne. Patricia s'est trompée ? Pas grave, « je vois tout de même chez vous beaucoup d'énergie » est une phrase qui touche à tous les coups. Vous êtes

dynamique ? Bien ! Alors elle a vu juste, sinon cela fera toujours un compliment qui vous fera plaisir (toujours aller dans le bon sens). Chose que vous allez retenir en la référant plus tard comme étant un voyant qui vous a bien cerné.

« Bon Lucienne il ne faut pas vous occuper de trop de monde autour de vous parce que je crois que vous donnez trop ». Confirmé par Lucienne. Tout le monde s'est déjà investi, a beaucoup donné pour quelque chose, pour quelqu'un, pour le travail mais souvent pas récompensé à sa juste valeur n'est-ce pas ? Même si c'était pour vous il y a dix ans, en cherchant bien vous vous en souviendrez (coopération avec le voyant). Donc pas beaucoup de risques à dire cela. Si encore une fois c'est vrai alors elle aura marqué un point sinon vous l'oublierez bien vite et vous concentrerez sur la suite de l'entretien. **Parce que tout ce qui vous intéresse est la réponse à votre question.**

Dans la suite de l'entretien, plutôt que d'essayer de deviner la raison de l'appel téléphonique de Lucienne en utilisant l'équation dont nous avons parlé, Patricia pose directement la question ! « Allez-y Lucienne, quelle est votre question ? ». Mais quelle facilité ! Quelle arnaque oui. Patricia a maintenant tous les éléments en main, le lieu, l'age et pourquoi elle appelle ! De quoi broder un scénario générique et cousu main je vous prie. C'est là que certains voyants soit disant connus ne se fatiguent même pas et répondent juste : « oui c'est bon ça va se faire, faudra un peu de temps mais vous êtes quelqu'un de patient je le vois ». Cette voyante, Patricia va prendre la peine de donner une impression de voyance en utilisant quelques techniques que nous allons voir.

Lucienne veut savoir si elle va emménager dans un appartement avec quelqu'un et Patricia va utiliser la technique de la question à double face, celle qui couvre les deux possibilités de réponses. Exemple : « Alors, déjà pour vendre votre appartement (réflexion de la voyante) il n'est pas en vente, si ? »

Vous l'avez compris cette phrase permet de répondre aux deux réponses possibles. Émission d'une hypothèse (il n'est pas en vente...) puis infirmation (si?). Dans tous les cas Patricia touche juste. En laissant un temps mort entre la première hypothèse et son contraire Patricia laisse croire qu'elle a eu une vision entre temps et peut donc rebondir d'un coté ou de l'autre.

« Alors c'est un appartement qui peut se vendre facilement parce qu'il est bien placé...il n'est pas trop haut en étages ».

Si vous demandiez à une personne de choisir un nombre entre 1 et 100, où vous placeriez-vous pour avoir le plus de chance de toucher juste ? Au milieu. C'est la technique du juste milieu qui permet de prendre le minimum de risque. Sur un immeuble de 10 étages, un appartement placé pas trop haut en étage permet de tomber à peu près juste. Ni trop haut ni trop bas.

La phrase affirmative « il n'est pas trop haut en étage » sonne en fait comme une question par le ton de la voix qu'emploie Patricia. **Mais si de surcroît vous ajoutez le fait d'employer le mot « haut » et la négation « n'est pas » c'est comme si la question était composée comme ceci : « il n'est pas placé trop haut, si ?.**

C'est une façon de camoufler la technique à double face dont nous venons de parler.

« Ah ben voilà, je le voyais pas trop haut en fait » répond Patricia à Lucienne qui vient de lui dire que son appartement est au rez de chaussée.

Lucienne continue en posant la question : « est-ce que vous me voyez dans un futur appartement avec quelqu'un ? ».

Patricia va utiliser à présent une technique qui consiste à y aller au bluff mais avec tout de même une certaine chance de gain : « Euh, pourquoi j'ai Michel ? C'est qui Michel ? ».

Il y a cependant une petite subtilité ici. Imaginons que Patricia ai répondu : « je vois un prénom qui commence par M, avez-vous quelqu'un dans votre entourage qui porte un prénom commençant par M ? ».

Statistiquement il existe quand même un certain nombre de prénoms qui commencent par M. Ajoutez à cela qu'il y a même de fortes chances pour que vous connaissiez ou ayez connu un prénom en M. Si c'est le cas le voyant vous répondra : « bien, vous aurez affaire avec ce M... ».

Pourquoi Patricia réduit-elle ses chances en donnant un prénom en entier ? Dit d'une manière confiante, assurée limite en coupant la parole de Lucienne « pourquoi j'ai Michel ? » paraîtra plus gros, plus sur. Vous vous direz qu'elle ne prendrait pas le risque de se planter en direct devant vous et qu'il doit donc s'agir de quelqu'un d'important, même si vous ne connaissez pas de Michel. Le voyant vous demandera de chercher plus en profondeur et si vous ne trouvez vraiment pas alors il vous dira : « bien, écoutez, je vois ce Michel, c'est certainement quelqu'un que vous allez rencontrer et qui est important avec votre affaire, retenez le bien. ».

Maintenant, imaginez qu'elle ait touché juste, que vous connaissiez un Michel. Quelle vision ! Elle a touché juste je connais bien un Michel, elle est vraiment douée !
C'est de cette manière que se construit une réputation.
Mettons cette conversation de coté quelques instants pour étudier la question.
Mettons qu'il y ait une chance sur dix que mon client connaisse un Michel. Neuf fois sur dix je vais me tromper et je vous donnerai une phrase bateau dont nous venons de voir l'exemple. Mais une fois sur dix je vais toucher juste et vous impressionner. Et c'est cette personne impressionnée qui va volontiers laisser un commentaire gratifiant sur le site web du voyant. C'est cette personne qui va parler autour d'elle des capacités extraordinaires de cette voyante. Vous, vous ne pouvez pas assister aux séances de voyance qui ne vous concernent pas, vous ne verrez pas le voyant se tromper neuf fois sur dix. Par contre vous aller voir **tous** les super commentaires qu'auront laissé les « une personne sur dix » auxquelles les prédictions seront justes. Je ne parle que de l'exemple du prénom Michel mais cela vaut exactement avec toutes les prédictions qui vous seront faites pour les six mois à un an à venir.

Allez, je vais vous faire une prédiction : « je vois, d'ici la fin de l'année, au mois de décembre, peut-être le 20 ou une date assez proche un événement significatif pour vous. Vous allez rencontrer une femme, elle porte des lunettes et aura un lien avec cet événement. »

Voilà un exemple parfait d'une prédiction qui pourrait vous être faite. Elle a l'air précise, pourtant si nous la décortiquons elle possède une probabilité de réussite assez élevée. Par exemple vous vous attendez à ce que ça soit le 20, il peut se passer beaucoup de choses en une journée, vous allez peut-être faire les courses de noël et rencontrer du monde, vous aurez peut-être des nouvelles de quelqu'un que vous n'avez pas vu depuis longtemps. Si ce n'est pas le 20 ce sera une date assez proche, cela laisse une marge d'une dizaine de jours pour que vous croisiez cette femme. Cette femme qui peut être votre voisine, une amie qui porte des lunettes, une relation de travail, le docteur ou la factrice. Cela peut être à l'occasion d'un anniversaire, lors des vacances de noël, bref les possibilités ne manquent pas. De plus le voyant vous donnera une date volontairement éloignée, trois à six mois, afin que vous ne vous rappeliez plus trop bien cette séance.
Mais alors que dire si cette F.P.F.P.R. (Fausse prédiction à forte probabilité de réussite) touche juste, alors là, vous allez vous en souvenir longtemps et vous me conseillerez à toutes les personnes intéressées. Si j'arrive à toucher juste une dizaine de fois de cette manière cela me fera une bonne vitrine de commentaires et une excellente réputation , vous ne croyez pas ?

Reprenons la suite du dialogue.

Patricia vient de déclarer : « *j'ai un Michel, c'est qui Michel ?*
    – je ne sais pas.
    – parce que là pour le moment il n'y a pas

>   *vraiment quelqu'un dans votre vie.*
> - *si, il y a Patrick.*
> - *Patrick...oh il n'est pas réticent lui ?*
> - *Euh oui un petit peu.»*

Comment Patricia devine que Patrick est réticent ? C'est aussi ça l'art du cold reading, bien noter, se rappeler et bien analyser de ce que vous a dit votre cliente.

La question posée par Lucienne au début donne donc beaucoup d'indices : « alors j'ai l'intention d'ici quelques temps de vendre mon appartement et est-ce que vous me voyez emménager dans un appartement avec quelqu'un ou pas ? ».

Les indices sont :
1) Emménager dans un appartement ?
2) Avec quelqu'un ?
3) Vendre.
4) D'ici quelque temps.

Si Patricia a utilisé une question à double face (« votre appartement, il n'est pas encore en vente, si ? ») les mots utilisés par Lucienne (« j'ai l'intention d'ici quelques temps ») permettent d'affirmer avec de fortes chances de réussites que l'appartement n'est pas encore en vente. Donc bien analyser la phrase pour déterminer s'il elle ne contient pas plus d'indices qu'elle n'en a l'air.

La partie de la phrase : « vous me voyez emménager dans un appartement avec quelqu'un ou pas » est suspecte. Si Lucienne n'avait personne dans sa vie elle aurait demandé simplement si elle allait rencontrer quelqu'un ou se poserait simplement la question du déménagement. Cela soupçonne la présence d'un homme. Et si Lucienne est ici c'est parce qu'elle se pose une question, parce qu'elle a un problème, donc certainement lié à cet homme et au fait d'emménager avec lui. Deux questions peuvent être posées, celle de Patricia plus prudente : « il n'y a pas vraiment quelqu'un dans votre vie ?». Le mot vraiment suppose qu'il y aurait peut-être quelqu'un dans la vie de Lucienne mais qu'elle n'y est peut-être pas très attachée. Vous pourriez prendre plus de risques et augmenter les chances de faire grandir plus encore votre réputation en disant : « je vois que vous avez quelqu'un dans votre vie ». Avec une bonne chance de toucher juste. Il y aurait donc un problème quant au fait d'emménager avec quelqu'un et donc une bonne chance qu'il y ait la présence d'une réticence de l'un ou l'autre des protagonistes.

Comment déterminer si c'est Lucienne qui est réticente ou cet homme nommé Patrick ? Les rares livres spécialisés sur le cold reading (dont je donnerai la liste détaillée) dressent une liste des comportements généraux des hommes et des femmes avec les différences qui leur sont propres. Cela inclus les principales peurs des hommes et des femmes. Une des peurs des hommes justement c'est l'engagement. Ici, avec Lucienne, il s'agit d'emménager avec un homme donc la voyante peut émettre l'hypothèse que Patrick est réticent. Si la voyante se trompe elle pourra toujours retomber sur ses pieds après la pirouette : « c'est bizarre, je le sens pourtant un peu réticent, il ne vous en a pas parlé ? ». Étant donné qu'il s'agit de sentiments, donc de choses invisibles qui sont dans l'esprit de l'autre il est difficile de savoir ce qui se passe réellement dans la tête de Patrick. Donc la pirouette sera toujours difficilement vérifiable pour Lucienne.

Reprenons. La médium reprend la parole : « moi Patrick je le sens réticent. Il a peut-être l'envie mais il est réticent». C'est une sorte de phrase à double face, il est réticent mais il a peut-être l'envie.
« Je sens qu'il est plus jeune » déclare la voyante. C'est une affirmation un peu plus risquée que les autres. Mais si l'on considère qu'il y a une chance sur deux de bien tomber, qu'il peut très bien être plus jeune d'une seule année, voir quelques mois, cela augmente les possibilités. Sinon elle peut toujours répondre qu'elle le voit plus jeune dans sa tête, qu'il reste quelqu'un de jeune physiquement en faisant beaucoup de sport par exemple, mais dans ce cas elle touche juste. Patricia a certainement marqué des points aux yeux de Lucienne.

Patricia continue : « *Vous déménagerez c'est sur, je ne sais pas si c'est avec votre Patrick mais en tous cas je pense que vous pouvez avoir quelqu'un. Pour le moment vous ne le connaissez peut être pas. Mais c'est quelqu'un qui me semble être un prénom Michel ou Jean-Michel et qui est vraiment bien. Ça peut vous tomber sur le nez, vous pouvez le rencontrer dans un centre commercial ou quelque chose comme ça parce que je vois quelque chose qui s'étend ,où on fait des courses. Mais le Patrick je ne sais pas, il me semble un peu réticent, je ne sais pas s'il est prêt à déménager lui.* »

La voyante revient sur sa soi-disant vision du fameux Michel mais essaie d'élargir le champ avec Jean-

Michel. Je vous présente le cas typique du lieu de rencontres passe partout : le centre commercial. « Je vois quelque chose qui s'étend, comme un centre commercial ou quelque chose comme ça.. » Comment avoir le plus de chance de toucher juste ? Là où vous croisez le plus d'inconnus, le centre commercial. Cette rencontre peut vous tomber dessus sans prévenir, et si jamais vous la loupez ce sera de votre faute, vous n'avez pas assez cherché Jean-Michel dans ce centre commercial !
Patricia affirme que Lucienne va déménager. Effectivement, elle l'a dit de vive voix donc d'un point de vue des probabilités, le risque de se planter est faible. D'autant plus qu'il s'agit de la vente d'un appartement (c'est Lucienne qui l'a dit en plus!) qui n'est pas la même démarche que si elle était locataire. Donc c'est certainement de la part de Lucienne une décision déjà mûrement réfléchie. En fait la vraie question de Lucienne est de savoir si ce sera avec Patrick ou non. Ce qu'a bien compris la voyante en embrayant à nouveau sur le sujet. Avez-vous remarqué comment Patricia la voyante utilise toutes les informations dont elle dispose ? Et Lucienne va lui donner encore plus d'informations avec lesquelles Patricia va pouvoir jouer : « Pour l'instant il est en colocation. ».
Et quelle information ! Un ensemble d'informations en fait.
Lucienne a 68 ans et Patrick 13 de moins soit 55 ans. Être en colocation à cet age là signifie un parcours de vie ayant subit quelques accidents comme un divorce par exemple, la perte d'un travail mais cela signifie avec de grandes chances que la situation financière de

Patrick ne soit pas au top. La voyante va se servir de ces informations mais pas tout de suite et pas directement. Imaginez que juste après la révélation de Lucienne vous enchaîniez : « je vois que la situation financière de Patrick n'est pas très bonne ». Cela ferait un peu téléphoné. Non, au lieu de cela Patricia va encore parler du déménagement, qu'il ne se fera pas forcément avec Patrick. Ensuite elle va enchaîner avec : « il est gentil Patrick.. »
Réponse de Lucienne : « oh la, mon dieu ». La façon dont Lucienne prononce ces paroles traduit une certaine lassitude. Lassitude qui laisse à penser que Patrick est probablement quelqu'un de trop gentil. La voyante peut donc annoncer dans trop se mouiller que c'est quelqu'un qui s'est toujours laissé « bouffer » par tout le monde. Ce qui est confirmé par Lucienne. Maintenant, Patricia peut parler de la situation précaire de Patrick : « il a perdu beaucoup, il a perdu une situation, il rame votre Patrick ». Forcément. Confirmation de Lucienne à nouveau qui déclare que Patrick travaille. La voyante en remet une couche mais en employant des termes différents : « oui mais il a eu des coupures dans son travail, là il s'y tient parce que **c'est quelqu'un qui fait bien son travail, mais il s'en prend plein la tête**. »
La collocation c'est amusant quand on démarre dans la vie mais à la cinquantaine passée ce n'est pas la même chose. Probablement que Patrick cherche à s'en libérer le plus rapidement possible mais seul une situation financière solide permet de le faire. Si j'analyse la réflexion de la voyante elle utilise le fait suivant : celui que peu d'hommes supporteraient que ce soit la femme qui rapporte l'argent à la maison, que ce soit elle qui contrôle la situation (ou qui la domine plutôt).

Ce qu'elle dit à Lucienne : « Et pour prendre un grand appartement, même si vous lui donnez tout, si vous voulez tout partager avec lui euh c'est pas quelqu'un qui se laisse trop entretenir. Il est tout de même assez orgueilleux. Sans ça votre relation avec lui aurait déjà été plus vite...il veut montrer son territoire».
Les réponses et les réactions de Lucienne sont très importantes à ce moment là car elles permettent de déterminer la relation avec Patrick. Dans le cas présent, la situation entre Lucienne et Patrick semble bonne, pas de conflits entre eux. Elle peut donc déclarer sans risques que cela pourrait être avec Patrick mais qu'elle garde un œil sur ce Michel qu'elle ne connaît pas encore. Le coup du « je vois des dettes » a aussi son petit effet. Normal vu la situation de Patrick.

La voyante mène la discussion, elle récupère et analyse la moindre information que lui donne sa cliente. Elle utilise des questions à double face, utilise les probabilités pour limiter les risques et augmenter les chances de toucher juste et d'impressionner alors son interlocutrice. Dès qu'elle obtient une information elle ne l'emploie pas tout de suite mais construit un plan de discussion, qu'elle peut volontairement étaler dans le temps. Cette technique permet, lorsqu'elle est bien employée de faire croire à sa cliente qu'elle a vraiment eu cette vision. La cliente ne se souvenant plus alors que c'est elle qui a donné l'information !
Si vous combinez tout cela avec la situation d'attente du client, le fait que le voyant ne fait qu'interpréter quelque chose et le fait que les gens ne retiendront que les prédictions justes, vous obtenez ce business de la voyance. Cela est valable pour toutes les formes de

voyance, la lecture des lignes de la main, lire dans le marc de café ou les entrailles de poissons.

Cet exemple n'est seulement qu'un exemple de voyance par téléphone, imaginez ce que le voyant, versé dans l'art de la gestuelle, pourrait rajouter en plus.

Si dans le domaine de la communication, l'image que vous projetez peut être travaillée, dans la façon de s'habiller, les bijoux que vous portez, la façon dont vous vous coiffez, un expert en cold reading sera tout aussi versé dans l'art de vous lire « physiquement ». La façon dont vous êtes habillé, les chaussures que vous portez, la montre, les bijoux, la coiffure, tout sera scruté. La qualité de la bague que vous portez peut donner une signification sur votre qualité de vie. Tout ce que vous portez en fait. Vous pouvez deviner les problèmes d'un client qui vient vous voir en consultation en combinant tous les points suivants :

1) Le sexe de la personne, homme ou femme ? Nous avons vu que les problèmes ne sont pas les mêmes.
2) L'age. Important car les différentes phases de la vie permettent de spéculer avec des probabilités de réussites correctes.
3) L'apparence, l'image que vous projetez au travers de votre façon de vous habiller. Y'a t-il une différence entre une personne vêtue d'un vieux jean, de chaussures usées et une personne habillée en costard cravate, montre de luxe ?
4) L'apparence que vous projetez dans votre gestuelle, projetez-vous l'image d'une personne ouverte ou fermée, comment êtes-vous assis, votre regard, bref votre posture qui permet

d'avoir une idée de votre état d'esprit.
5) La façon dont vous vous exprimez, le ton de la voix, assurée ou hésitante. Lié au point précédent.

Si vous croisez dans la rue un homme en costard cravate, très propre sur lui, une montre de luxe et une alliance, il va être difficile de deviner ce qu'il pense. Par contre si ce même homme se présente à une consultation de voyance c'est qu'il cherche la réponse à une question importante. Il pense que la seule façon d'avoir une idée de ce qui va se passer dans sa vie est de procéder de cette manière. Les choses sont à ce moment là différentes si vous reprenez tous les éléments que nous avons vus dans ce chapitre. Si c'est un homme dans la quarantaine on peut estimer qu'il vient pour un problème de couple, peut-être un divorce. C'est peut-être aussi un changement important dans son travail. Des prédictions telle que celle-ci : « *je vois un certain type de difficultés avec quelqu'un de proche, de votre famille ou dans votre travail, quelqu'un qui pourrait amener un certain changement dans votre vie* » peuvent permettre d'aller à la chasse aux infos. Une lecture très attentive des réactions limbiques de cet homme et en finissant votre phrase de manière à donner l'impression que c'est à lui de prendre la parole peut commencer à établir le contact. Une fois les informations acquises il sera alors facile de broder et de réagir en temps réel tel que l'exemple de Patricia et Lucienne. Si la tentative d'extraction d'informations ne fonctionne pas tout de suite le voyant peut se rabattre pour commencer sur des phrases passe partout sur le caractère des personnes. Ces phrases sont fabriquées de manière à

convenir à tous les types de personnes, hommes ou femmes et ce quel que soit le caractère. Elles permettent bien entendu d'essayer d'obtenir des informations. Ce sont des phrases du type de celles que Pierre m'a données : *« alors, Philippe je vois une personne sérieuse, déterminée qui va toujours au bout de ses objectifs. Mais il y a toujours un intérêt derrière tout cela, tu n'es pas du genre à faire les choses pour rien. Tu n'aimes pas perdre ton temps. Je vois également quelqu'un ouvert aux autres. Les gens n'hésitent pas à se confier à toi. »*
Généralement, des phrases plus génériques sont employées: « je vois que vous êtes quelqu'un de gentil mais lorsque vous devez prendre les choses en main vous pouvez vous mettre en colère ». Ce sont des phrases « bateau » qui s'appliquent à chacun d'entre nous. Tout le monde a une part de gentillesse et tout le monde s'est déjà mis en colère donc on a vite fait de trouver une correspondance dans sa vie. La phrase que m'a donnée **Pierre touche juste car il l'a construite à partir des observations qu'il avait faites à l'époque sur ma façon de travailler, car je travaillais là où il venait s'entraîner et avait donc la capacité de m'observer.**

Que pensez-vous de ceci : *« les circonstances actuelles vous sont favorables. Cela pourrait modifier votre attitude envers quelqu'un de proche. Il ne faudra pas pour autant afficher une indifférence qui pourrait modifier les excellentes relations que vous avez avec la personne en question. »*

C'était l'horoscope du jour.

Les experts en cold reading peuvent faire des « prédictions » sans que leurs clients ne disent quoi que ce soit. Comme vous pouvez le constater, la majorité d'entre eux ne se fatiguent même pas et demandent directement à leurs clients la nature de leurs visites !

Vous souvenez-vous du flash qu'avait eu mon ami Pierre au sujet de ma petite amie de l'époque ? Comment a t-il fait ?
Comment Anne a vu le numéro de ma plaque d'immatriculation ? Avez-vous une idée ?
Avant d'en parler, **je vais vous montrer dans quelques pages une méthode pour que la personne qui vous parle oublie ses propres paroles**. Ne rêvez tout de même pas nous ne sommes pas dans le film des hommes en noir.
Mais avant voici un petit exercice. Je vais vous retranscrire une deuxième séance avec Patricia que vous allez analyser. Notez quelles sont les informations importantes dès le début et essayez de dresser un plan de discussion. Notez les déclarations à probabilités, celles qui ont touché juste. Nous verrons ensuite ensemble cette fameuse technique qui en fait est certainement utilisée dans cette séance, inconsciemment ou non.

La voyante, toujours Patricia, accueille une deuxième personne: « Bonjour.

> – *Bonjour Patricia, j'appelle de l'Essonne j'ai 51 ans, je voudrai savoir, j'ai déposé plusieurs demande de logement pour changer de région. Et ma question est de savoir si ces demandes vont aboutir*

rapidement.
- *Alors, donnez-moi votre prénom.*
- *Sandrine.*
- *(réflexion de la voyante) et là vous êtes dans l'Essonne...Oh, qu'est-ce qu'il y a à vingt kilomètres de l'Essonne ?*
- *À vingt kilomètres ? Hum, ah ! J'ai mon ex-mari.*
- *D'accord...euh dites-moi, pour vos dossiers, ils ont été faits par la mairie ?*
- *Non, c'est moi qui les ai déposés parce que je recherche en même temps un emploi dans le sud-est et j'ai déposé en parallèle mes demandes de logement. Bon je n'ai pas encore l'emploi mais je voudrai surtout savoir si je vais avoir le logement aussi, l'un conditionne l'autre en fait.*
- *Mais pourquoi j'ai la mairie qui vient tout le temps à l'esprit ? Donc le logement, il n'y a pas un lien avec la mairie ?*
- *Normalement non, ce sont des organismes sociaux mais je ne les ai pas déposés à la mairie.*
- *Ah d'accord...euh (réflexion), hum... ça va être un peu long ça, Sandrine. C'est bizarre parce que moi je vois deux endroits, un ne vous plaira peut-être pas mais ça pourra aller plus vite. C'est comme s'il pouvait y avoir deux propositions.*
- *D'accord.*
- *Y' en a une avant l'autre, une peut-être vers la fin de l'année et l'autre c'est vers février mars et l'autre c'est dans une ville qui n'est*

pas trop grande, j'ai l'impression que pour travailler cela va beaucoup plus vous plaire.
- Ah, d'accord.
- Parce qu'il va y avoir dans votre travail un lien relationnel avec les autres et tout.
- Ah je n'ai pas trouvé de travail encore, mais peut-être que ce sera à la mairie ? Peut-être que ça vous parle ?
- Si, parce que moi je vois une grande structure, je sais s'il y a un petit peu de blanc dans la structure, euh, blouse blanche ou quelque chose comme ça et c'est en tous cas en rapport avec les autres, humainement, et la ville c'est pas une grande ville non plus. C'est une petit peu la campagne, mais ça sent bon le pin !
- Ah !
- Alors...ça vous dit quelque chose ?
- Euh, oui alors j'avais eu un entretien dans le sud-est, mais ça n'avait pas fonctionné, alors est-ce qu'ils vont me rappeler, parce que c'est dans le médical. Donc comme vous me parlez de blouses blanches, voilà, mais la personne est déjà en poste donc je ne pense pas que ce soit ça.
- Ah, euh Sandrine, il faut réitérer, ne laissez-pas..hum, Marie c'est qui ?
- Marie, euh je n'en ai aucune idée.
- Ce n'est pas cette femme là ?
- Non elle ne s'appelait pas Marie non.
- Gardez Marie de coté, faut pas se fixer sur elle, moi je ne sais pas si cette personne

> *gardera son poste, parce je ne sais pas si elle convient là où il y a des blouses blanches.*
> – *Ah d'accord, j'ai peut-être une chance alors. Parce qu'ils avaient beaucoup hésité entre nous deux pour ce poste.*
> – *Là je vous conseille hein, c'est vraiment un conseil parce que je le sens bien...ce serait bien que vous gardiez le contact, pour dire que vous êtes là aussi.*
> – *D'accord, bon je vais écouter vos conseils.*
> – *Oui, oui je le sens bien, vraiment.*
> – *Super, et donc pour mon logement il faudrait peut-être que je passe par la mairie alors ?*
> – *Ah mais moi je vois la mairie tout le temps. La mairie ou quelqu'un de la mairie va vous aider pour un logement.*
> – *Bon, j'espère que ce sera rapide car j'ai déjà donné mon préavis et c'est pour cela que je vous appelle aussi pour savoir si je devais annuler mon préavis ou pas.*
> – *Non, non, attendez, là il faut rester sur son libre arbitre. Moi je vous dis, là, où vous avez été voir, cette personne vous voyez, je ne sais pas si elle va rester. C'est une personne qui n'est pas sympathique et avec vous il y aura plus d'empathie, ne laissez pas tomber Sandrine.*
> – *D'accord, je vous remercie beaucoup. »*

Fin de la séance. Vous pouvez noter vos recherches sur la page suivante laissée blanche à cet effet.

Notes :

Page de notes.

Du bon cold reading vous ne trouvez-pas ? Vous avez certainement noté l'espèce de flash soudain « qu'est-ce qu'il y a à vingt kilomètres ? » et toutes les possibilités que cela peut couvrir. L'insistance avec la mairie, un peu comme le Michel de la séance précédente. Vous avez noté aussi le « je vois deux endroits, un ne vous plaira pas forcément....c'est comme s'il y avait deux possibilités... ». La ville qui n'est pas trop grande vous rappelle certainement le coup de l'étage pas trop haut de l'exemple précédent. Un lien relationnel dans votre travail a de grandes chances de toucher juste.
Le plus intéressant dans cette séance c'est l'évocation d'une structure avec un peu de blanc dedans. Immédiatement on a tendance à penser à un hôpital mais en fait cela peut convenir à beaucoup de choses. Le bâtiment pourrait être rose bonbon mais le hall d'entrée blanc pour exagérer un peu. Patricia tente un bluff en parlant de blouses blanches. Là aussi il y a pas mal de possibilités, mon boucher porte une blouse blanche, vous avez remarqué d'ailleurs que la voyante ne parle en aucun cas d'un hôpital. Ensuite Patricia ne va pas s'embêter à chercher plus d'informations mais va demander directement à sa cliente si son interprétation lui dit quelque chose. Et tomber juste ! Sa cliente a postulé dans le milieu médical où se trouvent certainement des hommes et des femmes en blouse blanche. Encore une victoire de canard ! (pour celles et ceux qui ont vu la publicité). Voilà un très bon exemple du « une touche sur dix » qui va renforcer plus encore la réputation de cette voyante. Dans le cas contraire Patricia aurait juste répondu de cette manière : « Hum, c'est bizarre pourtant je vois des blouses blanches, rappelez-vous en cela aura un rapport avec ce que vous

recherchez, peut-être pas directement mais cela aura un rapport ».
Par exemple.

Si le cold reading est un ensemble de techniques permettant d'obtenir silencieusement des informations sur une personne, les métiers de la voyance nécessitent des capacités de lectures et d'analyses constantes. Que cela soit dans la gestuelle de l'autre comme dans l'analyse de ses paroles qui peuvent dévoiler des informations. Informations qu'il faut ensuite utiliser et manipuler pour faire apparaître à nouveau d'autres informations. Et ainsi de suite jusqu'à la signature du chèque...Car tout ce que nous venons de voir peut se calquer sur des domaines autres que la voyance ou la communication avec les morts. Car il s'agit bien de manipulations mentales. Vous avez décidé de vous acheter une voiture, neuve ou d'occasion et vous vous rendez chez le concessionnaire de la ville. Imaginons que le vendeur soit un cold manipulateur. Il ne va pas vous prédire l'avenir bien sur mais vous vendre un véhicule. Rien que l'analyse visuelle que vous projetez, la voiture avec laquelle vous venez par exemple, va lui donner une bonne idée de ce que vous recherchez. A votre avis, si vous vous pointez au volant d'une vieille renault 5 ou si votre voisin vous a prêté sa porsche, pensez-vous qu'il va vous proposer le même véhicule ? Si vous êtes un homme ou une femme ainsi que l'age que vous avez sont aussi des indices pour le vendeur. Êtes-vous venus avec vos enfants, votre fils ? Qu'est-ce qui vous dit que le superbe véhicule qui va se trouver sous vos yeux comme par hasard dans la cour intérieure du garage n'a pas été mis là suite à sa lecture à froid (et présenté d'une manière à en vanter tous les avantages) ? En prenant soin d'écarter ou de dévaloriser d'autres véhicules moins chers ? Un vendeur peut très bien vous poser des questions pour avoir plus d'informations sur vous (il ne s'agit pas de voyance) et observer vos réactions limbiques, voir si vous semblez conquis ou s'il va falloir vous orienter vers un autre véhicule. Vous êtes dans un état d'attente, le vendeur de voiture qui vous dit que le moteur est en parfait état endosse le même costume que la voyante qui elle seule peut interpréter les cartes. A moins que vous ne soyez mécanicien vous n'y connaissez rien en moteur. Pourtant sous vos yeux votre cerveau est assailli en permanence par l'image que projette ce véhicule en parfait état. Vais-je faire une bonne affaire ? Est-il vraiment en bon état ? Il a l'air pourtant si joli. N'avez-vous jamais eu de conflits intérieurs entre ce que vous pensez et les apparences que vous avez sous les yeux ?

Cet exemple de voyance est un bon exemple de manipulation mentale et doit vous faire réfléchir. Vous allez ainsi naturellement développer la faculté de détecter lorsque quelqu'un va tenter de vous enrober de son baratin. Prenez le temps de bien réfléchir à la notion d'impact visuel dont je vous parlais dans le chapitre de ma lecture à froid. Nous sommes depuis tout petit en contact avec la télévision qui a un impact violent sur notre cerveau. Réellement. Mais comme nous avons grandi avec nous n'avons que très peu conscience de l'impact visuel des images sur notre cerveau. Et encore moins de l'impact de ce que nos yeux voient au quotidien. Notre cerveau voit tout, tout de suite et enregistre tout.

Bon et dans tout ça, comment Anne a t-elle vu le numéro de ma plaque ? Comment Pierre a vu juste pour ma petite amie ? Comment faire oublier les propres paroles de quelqu'un ?
Rendez-vous au chapitre suivant...

Chapitre 5

MANIPULATIONS MENTALES

Dans ce chapitre nous allons parler de différentes manipulations mentales. Vous l'avez bien compris je ne parle pas de paranormal, nous n'allons pas influencer psychiquement les pensées des autres personnes mais utiliser des techniques qui vont très bien s'acquitter de cette tache. En mentalisme vous avez peut-être déjà entendu parler de misdirections, qui sont des techniques qui détournent l'attention. Dans ma technique de lecture à froid j'ai abordé la notion de détournement de la pensée. Nous allons en reparler tout de suite. Nous allons aborder également la planification ou comment faire croire à une personne que les événements qui lui arrivent sont dus au hasard. Puis nous allons étudier la technique qui consiste à faire oublier à votre interlocuteur ses propres paroles.

Pour introduire tout cela je vous propose de commencer à étudier un cas classique qui vous est déjà arrivé si vous vous êtes essayé à la détection des mensonges.
Imaginons que vous avez vu à la télévision une personne connue, une personnalité politique ou du show-business s'exprimer à propos d'une accusation qui serait portée à son encontre. « Non je n'ai pas fait ces choses pour lesquelles on m'accuse » dit t-elle au micros des journalistes. Et à ce moment précis vous avez vu une réaction limbique, un regard qui fuit, vous avez relevé dans ses paroles quelque chose qui cloche. Bref, un signal qui vous fait penser que cette personne ment. Pourtant elle affirme le contraire. Le lendemain matin lorsque vous vous rendez à votre travail vous voyez dans les kiosques à journaux cette affaire : « monsieur X nie les faits qui lui sont reprochés ». Puis sur internet à nouveau vous voyez

cette information. Et encore à nouveau le soir aux informations télévisées. Mais cette fois c'est l'avocat de cette personnalité qui s'exprime : « non, mon client n'a jamais fait les choses qui lui sont reprochées ».

Vous avez repéré chez cette personne un signal, mais pourtant elle affirme le contraire, son avocat affirme le contraire et tous les médias aussi. De plus cela semble si étonnant de la part de cette personnalité, après tout est-ce que j'étais là quand c'est arrivé ? Ai-je une quelconque preuve ? Bon j'ai du me tromper alors. Serait-on tenter de penser. Si les images ont un impact certain sur le cerveau, le son aussi. Votre cerveau capte également sans que vous vous en rendiez compte, les sons, les mots qu'il entend. Même si vous n'êtes pas consciemment en train d'écouter. Cela se fait moins rapidement que les images bien sur car il faut enchaîner les mots ce qui se traduit par une durée dans le temps. Une image par contre est englobée en une fraction de seconde par votre cerveau droit qui, je le rappelle, traite les données d'une manière holistique, c'est à dire tout en une fois. Inconsciemment donc, vous captez toutes ces informations, celles diffusées par les médias, les paroles de l'avocat etc. Ces informations vous allez les voir et les capter pendant plusieurs jours et cette masse d'information va finir par vous faire douter. Alors, qui a raison ? Vous ou les apparences ?

On trouve beaucoup d'exemples de ce genre très facilement. Par exemple, une étude démontre que l'utilisation des téléphones portables peut nuire à la santé. Cette information est diffusée dans les médias, vous la lisez, l'analysez et admettez le fait qu'elle puisse être vraie. Après tout ce sont des scientifiques, ingénieurs ou experts qui l'ont réalisée. Puis, peu de temps après que trouve t-on ? Des études réalisées là aussi par des experts qui démontrent le contraire ! Très vite la première information se retrouve noyée au milieu de contre informations le tout créant une espèce de doute général sur la question.

Dans l'exemple de la personnalité qui clame son innocence, ce n'est pas très grave si vous doutez. Cependant je vous invite à persister et à chercher d'autres indices qui viendront s'ajouter au premier. D'une part cela vous entraînera, d'autre part cela maintiendra également à un certain niveau votre esprit critique et votre esprit d'analyse. Il ne s'agit pas de déclarer que vous avez raison parce que vous avez vu un mensonge, mais vous devez pousser vos examens contre ces apparences et chercher d'autres indices.

S'il s'agit d'événements se déroulant dans votre vie, où l'issue peut apporter un grand changement en bien comme en moins bien, je vous invite à ne jamais lâcher prise dans vos investigations à moins, bien sur, d'avoir la preuve évidente qui contredirait votre analyse. Nous avons vu un bon exemple du conflit social qui a eu lieu dans l'entreprise où je travaille. Ce vieux monsieur à l'air si sympathique dont l'image qu'il donne a été fabriquée. Et qui est en contradiction avec l'ambiance générale qui régnait. Bon exemple de manipulation mentale, qui consiste à changer l'idée que quelqu'un se fait de vous en jouant sur l'impact visuel que vous produirez quoi qu'il arrive sur son cerveau. Ce type de manipulation mentale est partout. Même dans un sport comme la boxe par exemple. Certain boxeurs portent un protège dents sur lequel sont dessinées des dents noires. Lorsqu'il ouvre la bouche on dirait qu'il manque une dent sur deux et l'impact visuel est immédiat dans le cerveau de son adversaire. Même chose lorsque le gong de fin de repos (entre les rounds) sonne, certains boxeurs se lèvent immédiatement transmettant l'impact visuel de quelqu'un prêt à en découdre (même pas fatigué) au cerveau de leurs adversaires encore assis. Oui, le travail sur le body langage existe aussi dans ces sports. Et qui dit travail sur le langage du corps dit création d'une image qui se transmet en une fraction de seconde à votre interlocuteur.

Pour vous entraîner à développer une certaine sensibilité à cette technique de manipulation, effectuez régulièrement le travail suivant.

Lorsque vous êtes dans les transports ou assis tranquillement dans un parc, observez les gens autour de vous. Puis observez une personne en particulier. N'analysez pas cette personne tout de suite, de toute manière c'est trop tard votre cerveau a déjà capté cette image. Quittez cette personne des yeux. Recherchez en vous l'impression, les sentiments que vous ont inspirés cette personne. Alors que vous n'avez pourtant pas scruté cette personne vous avez des impressions sur elle. Utilisez à présent votre cerveau gauche, l'esprit logique, analytique et séquentiel pour analyser cette personne. Scrutez les moindres détails, tous les vêtements qu'elle porte, ses bijoux sa coiffure, son apparence physique, bref tout. Trouvez-vous une concordance ou une différence avec vos premières impressions ?
A présent observez sa posture, sa gestuelle, son langage du corps. Donne t-elle l'impression d'une personne ouverte, fermée ? Semble t-elle tendue, détendue, bref

essayez d'avoir une idée de son état d'esprit. Comparez à nouveau ces données avec les premières impressions.
Ajoutez maintenant à cela le contexte. Cette personne est-elle un homme ou une femme ? Quel age a cette personne ? Quelle heure est-il ? Est-il 8h du matin et vous êtes dans les transports en direction du boulot ? Est-ce la fin de l'après-midi et cette personne est assise tranquillement sur une chaise dans un parc ?
A présent, essayez de deviner ce qu'elle fait là. Pourquoi est-elle là ? Que fait-elle dans la vie ?
Maintenant avec toutes ces informations, essayez de deviner ses pensées. A quoi pense cette femme assise à la terrasse d'un café et qui regarde les passants dans la rue ?
Faites une observation constante, ne vous arrêtez pas et des indices finiront par apparaître.
Si vous faites cet exercice régulièrement vous allez acquérir une capacité d'analyse très performante. Si performante que lorsque cela sera devenu un automatisme vous pourrez réaliser l'ensemble des points dont je viens de parler en une poignée de secondes. Et pourquoi pas gérer ainsi une situation critique en prenant la bonne décision en une fraction de seconde.
C'est ce que j'appelle programmer ses intuitions.

La planification.

Dans mon précédent livre, j'ai abordé l'art de la préparation du terrain. Comment établir une atmosphère et mettre en place certains éléments psychologiques pour construire un piège et ainsi mieux coincer la personne à qui vous voulez faire avouer la vérité ou à défaut la faire réagir afin de détecter les signaux du mensonge. Ici la préparation du terrain est utilisée par le menteur professionnel.

A moins bien sur que l'on ne se mente à soi-même c'est aux autres que l'on ment et l'élément clé qu'il faut modifier pour qu'un mensonge soit invisible est la routine. Cela peut paraître simple mais certaines personnes sont sensibles aux changements qui peuvent intervenir dans leurs vies. Les gens un peu paranoïaques ou jaloux vont trouver très suspects que leur conjoint(e) se mette soudain à sortir le soir alors que jusqu'à maintenant il(elle) restait bien tranquillement à la maison.

C'est une technique qui peut servir, non pas à détecter directement un mensonge mais à vous interpeller sur le fait qu'il y a un changement dans les habitudes. J'appelle cela la variation de flux. Les journées, les week-ends, les semaines, les mois se déroulent toujours de la même manière. Votre conjoint part le matin au travail à 8h30 et rentre vers 19h. C'est la grande routine et soudain il rentre à 20h plusieurs fois par semaine. Dès le premier soir vous lui avez demandé les raisons de son retard et il vous a répondu qu'il a eu plus de travail. C'est possible mais si cela ne s'était jamais produit avant c'est un élément qu'il faut noter comme un changement et corréler avec d'autres indices que vous auriez collecté par la suite. Prenons un exemple de planification. Pour changer un peu je ne vais pas parler de tromperies dans un couple mais prendre l'exemple du conjoint qui veut faire une belle surprise à son amoureuse en lui organisant un anniversaire surprise. Problème, l'année dernière il a oublié purement et simplement la date s'octroyant dans la foulée les foudres de sa charmante, qui lui a juré qu'elle l'attendrait au tournant l'année suivante. A l'approche de la date fatidique cette femme va devenir de plus en plus suspicieuse et observer les moindres faits et gestes de son conjoint. Elle connaît bien ses habitudes, elle sait qu'il prend sa voiture pour aller au travail à 8h et qu'il revient toujours aux environ de 17h30-17h45 en fonction de la circulation. Le week-end se passe en général ensemble.

Imaginez que nous sommes lundi et que l'anniversaire soit vendredi. Le conjoint a trouvé le cadeau qu'il va lui offrir mais doit prendre une bonne heure pour se rendre au magasin et aller l'acheter. Il veut aussi trouver un bon restaurant où il invitera les ami(e)s de sa conjointe dans le plus grand secret. Quelques petites heures de prospection ne seront pas superflues pour aller voir les différents restaurants. Imaginez que monsieur rentre chez lui à présent à 19h deux ou trois soirs de cette semaine. Avec sa conjointe qui le surveille les soupçons seront évidents. Comment faire ? Il faut modifier l'élément clé, la routine. Il faut intégrer un élément dans le flux de la vie courante qui au fil du temps va devenir lui même la routine et donc passer inaperçu aux yeux de sa conjointe. Pour réaliser cela il faut mettre en place ce nouvel élément beaucoup plus tôt. Un mois plus tôt, le conjoint peut lui déclarer qu'il va travailler sur un nouveau projet et devoir rester un peu plus tard le soir au moins une fois par semaine. On ne va pas étudier toutes les possibilités, c'est un exemple basique, mais vous avez compris le principe. Si la conjointe accepte le fait qu'il rentrera tard une fois par semaine, ça y est l'élément est intégré et fait maintenant partie de la routine. Le conjoint aura alors la liberté d'action qu'il

voulait. Pour donner un exemple de planification qui prolonge cette histoire, le conjoint pourrait, environ une semaine avant, consulter innocemment des sites web d'entretien automobile. Il s'arrangerait pour que sa conjointe puisse tomber dessus par hasard. Le conjoint **doit** ignorer sa conjointe, ce n'est pas lui qui doit lui montrer ces sites mais **elle** qui doit faire la démarche de demander pourquoi il les consulte. C'est important car la conjointe doit penser que c'est elle qui a pris l'initiative. Le conjoint peut alors lui faire part des soupçons qu'il a au niveau de la batterie de sa voiture qui a eu du mal à démarrer avant de quitter le boulot. Le jour de l'anniversaire au moment de partir au boulot le conjoint peut alors remonter à l'appartement et d'un air dégoûté demander à sa conjointe si elle peut l'amener et venir le rechercher le soir au travail. Le conjoint peut débrancher la batterie et montrer ainsi à sa conjointe que la voiture ne démarre vraiment pas.
C'est une façon de l'attirer vers le lieu du restaurant par exemple. Mais là n'est pas la question, avez-vous bien noté l'idée ? Vous avez inculqué à votre conjointe un élément qui en plus n'a rien à voir avec un anniversaire. Et cela à un moment donné. Un jour, comme ça. Puis plus rien, vous n'en parlez plus. Mais cet élément est dans le cerveau de votre conjointe et lorsqu'un jour, une semaine, un mois plus tard il ressortira, elle fera immédiatement le lien avec le soir où **elle** vous avait demandé pourquoi vous consultiez ces sites. Et cela semblera normal pour elle.
Autre exemple, vous avez déclaré à un de vos amis que vous étiez mentaliste, que vous pouviez voir certaines choses. Vous lui proposez un petit restaurant ce soir pour en parler.

Vous dites à votre ami : « je te laisse choisir le restaurant. »

Il vous rappelle plus tard en vous donnant l'adresse du restaurant. Vous vous y rendez, et en plein milieu du repas vous pariez avec votre ami que vous pouvez coldreader (du verbe coldreader je le rappelle) la serveuse et deviner son prénom. Ce que vous faites sous les yeux effarés de votre ami !

Il vous aura juste suffit de vous pointer au restaurant une heure avant, d'y entrer pour demander des informations et noter tout ce qui vous paraîtrait susceptible de faire l'objet d'un don de voyance, un détail que l'on ne voit que lorsqu'on est au comptoir par exemple ou le prénom de la serveuse. Ce qui peut très bien arriver lorsque son patron l'appelle par exemple et que vous vous trouvez à proximité. Ensuite, vous repartez. Vous afficherez même l'audace d'arriver en retard en téléphonant à votre ami en lui disant que vous êtes coincé dans la circulation ou que vous ne trouvez pas la rue du restaurant car vous n'avez pas de GPS. Vous construisez une histoire en utilisant des éléments qui font partie de la routine de votre ami à savoir les embouteillages ou le GPS. Ce qu'il validera sans problème. L'effet est garanti.

Vous vous souvenez de la prédiction de Pierre au sujet de ma petite amie de l'époque ? Comme elle fréquentait, avec une amie à elle, la salle de sport dans laquelle je travaillais, Pierre a juste entendu une conversation au sujet de ses difficultés financières. Il est pas beau le flash ?

Et pour Anne et la vision de mon numéro de plaque minéralogique ? Je vous avoue que j'ai mis du temps à comprendre sur ce coup.

Ce qui m'a mis la puce à l'oreille c'est qu'elle sortait pour faire des pauses cigarettes entre chaque rendez-vous. Et elle était certainement dans la rue au moment où je suis passé en voiture. Elle connaissait mon age, et très peu de voitures passaient dans sa rue qui était toute petite. Il lui suffisait de se poster là peu de temps avant l'heure du rendez-vous et de noter mon numéro. Je ne me serais pas garé dans cette rue ? Pas grave elle n'aurait pas fait de flash mais ça vaut le coup de tenter non ? J'étais persuadé qu'il n'y avait personne dans la rue mais en fait au beau milieu de celle-ci il y avait une grande arche en béton au milieu de laquelle il fallait passer. Le problème c'est qu'il y avait juste la place pour faire passer une voiture et c'est le truc qui vous saute tout de suite aux yeux quand vous arrivez à proximité. Et qui donc a bien détourné mon attention vers ce point et non vers le hall d'entrée où devait certainement être la voyante pendant sa pause cigarette. Est-ce qu'elle fait ça avec tous ses clients ? Sans doutes, mais je ne peux pas le vérifier. Excellent vous ne trouvez pas ? Pour se faire une réputation terrible c'est plutôt bien pensé. Quand on a deviné le truc cela semble très simple mais quand on ne le connaît pas cela fait son effet ! Imaginez les clients qui sont dans les états d'attentes dont nous avons parlé, qui savent que le voyant qu'ils vont consulter est réputé pour ses flashs. Que ce qu'il va prédire est l'interprétation de signes venus d'ailleurs (déchargement et neutralisation de l'esprit l'analyse du client) et que ces clients ne vont retenir que ce qui répond à leurs questions...

Je n'ai pas eu la réponse quant à savoir si elle faisait le coup à tous ses clients. Mais lorsque j'ai trouvé sa manipulation je lui ai fait part, par l'intermédiaire de

Pierre, de mes dons de télékinésie, à savoir que je lui montrerai comment je garerai ma voiture dans son salon la prochaine fois que je la verrai et en passant par la fenêtre en plus. Non mais.
Chapeau tout de même pour la manipulation.

Et si nous parlions de la technique qui permet de faire oublier à quelqu'un qui vous parle ses propres paroles ? Cela ne marche pas à tous les coups bien sur mais je l'ai fait par hasard lorsque je mettais la pression à une personne qui n'arrêtait pas de changer de sujet lorsque nous discutions de quelque chose d'important. Et je pense que Patricia la voyante de notre show télévisé l'utilise. Je ne pense pas que ce soit consciemment en fait, en y réfléchissant bien.
Replaçons nous dans le contexte de la personne qui vient avec ses problèmes pour consulter Patricia. Remémorez-vous tout le processus de manipulation dont nous avons parlé. Reprenez la deuxième séance de voyance avec la cliente nommée Sandrine.
Au bout d'un bon moment la voyante voit l'endroit où Sandrine pourrait être amenée à travailler, un peu à la campagne mais ça sent bon le pin ! Sandrine semble surprise par ce qu'elle vient d'entendre car elle a justement postulé pour un poste dans le sud-est où il y a de fortes chances d'y avoir des pins. Quelle vision ! Mais il semble fort que Sandrine, bien plus tôt dans la discussion, a révélé cette information mais ne s'en rappelle plus.
Lorsque vous vous apprêtez à donner des explications à quelqu'un, comme dans le cas de Sandrine qui se prépare à parler à la voyante, vous organisez vite fait dans votre tête les choses que vous allez dire en

essayant de les mémoriser rapidement. Disons qu'il faudra que vous réfléchissiez de temps en temps pour vous rappeler de ce dont vous voulez parler. Exactement comme pour les dernières minutes juste avant un entretien d'embauche. Pour que la manipulation fonctionne il faut dans l'idéal interrompre plus ou moins brutalement cette réflexion. Cela casse l'élan du flux de ses paroles et la réflexion que la personne peut avoir à ce moment là. Ensuite, il faut immédiatement diriger l'attention de votre interlocuteur ailleurs mais surtout le faire réfléchir à tout autre chose. C'est que fait Patricia à plusieurs reprises en parlant sans cesse de la mairie. Sandrine lui donne alors l'information comme quoi elle recherche un emploi dans le sud-est mais la voyante continue aussitôt sur la mairie : « mais pourquoi je vois tout le temps cette mairie ? ». Sandrine part aussitôt sur cette réflexion. La voyante embraye alors en brodant le scénario des deux possibilités, de quand cela pourrait se faire, etc, elle occupe l'esprit de Sandrine.

Un coup du genre: « c'est qui Michel ? » interrompt la personne qui était en train de parler de quelque chose et donc casse son processus de réflexion mais en plus elle doit se focaliser sur tout autre chose comme rechercher un Michel dans sa vie. La façon de dire « c'est qui Michel » est aussi importante, vous devez donner l'impression que vous n'avez pas écouté ce que vient de vous dire votre interlocuteur. Ce qu'a très bien fait Patricia. Pas d'une manière désobligeante bien sur mais comme si elle était absorbée dans sa voyance et préoccupée par ses visions. Cela aura pour effet de créer dans la tête de sa cliente, **inconsciemment** bien sur, la sensation que c'est comme si elle n'avait pas prononcé ses mots. Puisque la voyante ne les a pas entendu.

Interrompre le flux de réflexion (de préférence lorsqu'une bonne information a été divulguée), détourner immédiatement le sujet sur autre chose, pousser l'autre à réfléchir, occuper son esprit et de plus pendant un certain temps, permet de faire oublier à votre interlocuteur l'information qu'il a divulguée. N'oubliez pas tout le cadre, le processus et toutes les manipulations qui entoure une séance de ce type. Vous aurez alors une bonne chance de réussite.

Nous voici arrivé à la fin de ce chapitre sur les manipulations mentales. Ce ne sont que quelques exemples mais on peut vraiment pousser très loin ces techniques comme celle de la planification. Certaines arnaques sont fabriquées en utilisant ce principe. Un individu intègre un groupe. Il modifie donc le flux routinier de ce groupe. Pour ne pas se faire remarquer cet individu va gagner au fil du temps la confiance des autres. Une fois cela fait, il fait partie de cette routine et peut donc agir comme il le désire. Comme vendre quelque chose à un membre du groupe pour ensuite se volatiliser dans la nature.
C'est un sujet vaste, complexe et j'espère que ce chapitre vous donnera sujet à réflexions et observations.

CONCLUSIONS

J'espère que ce livre vous a plu.

Il a pour objectif d'augmenter votre capacité de lecture de l'autre, chose très importante dans le domaine de la détection des mensonges. Ma technique de lecture à froid ne m'a pas seulement servi pour le cas du conflit social mais aussi pour tous les moments où j'ai eu besoin de démêler le vrai du faux, dans ma vie privée comme lors des enquêtes sur lesquelles j'ai travaillé. Même si à l'époque ma technique était beaucoup plus sommaire.

Vous avez découvert les techniques de manipulations utilisées en mentalisme, art de la manipulation de l'autre, mais aussi art de simuler les pouvoirs psychiques. Le cold reading fait partie du mentalisme et je vous invite à découvrir cet art impressionnant dans les livres dont je vais vous donner les références et dont les principales dérivations se trouvent dans l'industrie du psychique.

Peut-être allez-vous devenir voyant(e) ?

Si ce nouveau modeste petit livre vous a apporté quelque chose, qu'il a contribué à augmenter toujours plus votre vigilance alors vous m'en voyez très heureux.

Je vous souhaite un bon entraînement, je le répète sans arrêt mais c'est encore la seule façon de réussir.

Bien cordialement,

Philippe Kaizen.

Bibliographie

Livre **sur** le mentalisme :

Les secrets d'un mentaliste de **J.B Daumont**
Tricks of the mind de **Derren Brown**

Livre sur le cold reading :

Full fact book of cold reading de **Ian Rowland**
Psychic cold reading de **Terry Weston**
(c'est une série de plusieurs livres)
Secrets to successful cold readings de **Glenn Alterman**
(spécialisé dans le monde du théatre, cinéma, auditions)

Détection des mensonges :

Emotions revealed de **Paul Ekman**
Je sais que vous mentez de **Paul Ekman**
Ces gestes qui parlent à votre place de **Joe Navarro**
Louder than word de **Joe Navarro**
Comment ne plus se faire avoir de **David Lieberman**
Petit livre de la détection des mensonges de **Moi** !

Notes :